河北省社会科学基金项目“留学生词汇加工机制与教学对策研究”，项目批准号：HB18YY032

留学生词汇加工机制研究

张文莉　姜永超　主　编

温立新　何　苗　副主编

燕山大学出版社

·秦皇岛·

图书在版编目（CIP）数据

留学生词汇加工机制研究 / 张文莉，姜永超主编. —秦皇岛：燕山大学出版社，2022.12
ISBN 978-7-5761-0456-1

Ⅰ. ①留… Ⅱ. ①张… ②姜… Ⅲ. ①汉语－词汇－对外汉语教学－教学研究
Ⅳ. ①H195.3

中国版本图书馆 CIP 数据核字（2022）第 248823 号

留学生词汇加工机制研究
LIUXUESHENG CIHUI JIAGONGJIZHI YANJIU
张文莉 姜永超 主编

出 版 人：陈 玉
责任编辑：宋梦潇　　策划编辑：唐 雷
责任印制：吴 波　　封面设计：方志强
出版发行：燕山大学出版社 YANSHAN UNIVERSITY PRESS　　电　话：0335-8387555
地　址：河北省秦皇岛市河北大街西段 438 号　　邮政编码：066004
印　刷：涿州市般润文化传播有限公司　　经　销：全国新华书店

开　本：710mm×1000mm 1/16　　印　张：11.25
版　次：2022 年 12 月第 1 版　　印　次：2022 年 12 月第 1 次印刷
书　号：ISBN 978-7-5761-0456-1　　字　数：183 千字
定　价：45.00 元

前　言

“留学生词汇加工机制与教学对策研究”系2018年河北省社会科学基金项目（项目批准号：HB18YY032）。最初，本项目围绕“留学生如何加工词汇，词汇加工有什么共性和个性特征”展开相关研究，计划撰写约1万字的论文，但是随着研究的深入，课题组成员发现，影响留学生词汇加工和词语切分的因素有很多。课题组认为本项目不能仅限于对留学生韵律单元及词语切分进行分析，有必要作更全面的研究，从多角度考察影响留学生词汇加工的因素，并提出教学建议，为国际汉语教学提供借鉴。因此，作为本项目最终成果，本书分为韵律单元反映的词汇加工及教学建议、语块理论反映的词汇加工及教学建议、共时与历时角度分析国际汉语教学教材词汇编排特点及教学建议、中外（主要是中蒙、中俄）认知比较异同对留学生词汇习得的影响和教学建议、考试角度的留学生词汇习得能力培养标准与要求5个方面的内容，共分为9个章节，18万余字，远远超出最初的研究计划。研究材料包括在华留学生实际阅读材料、中介语语料库、国际汉语教学教材、北京大学中国语言学研究中心语料库、俄语国家语料库、中蒙中俄大型工具书、新汉语水平考试试卷、新汉语水平考试词汇大纲等，涉及的语料之多，研究的艰辛努力可见一斑。各章节探讨的内容如下。

第1章，初中级汉语学习者韵律单元切分类型及成因。从留学生划分的韵律切分单元的类型考察留学生词汇学习与习得机制；采用有标记与无标记两种测试方法，以语法词与韵律单元关系为切入点分别从词汇意义、音节数量、词语组合三个方面，探究留学生韵律单元的构成特征、类型及成因。研究发现，初中级留学生均具有一定的词语加工与组合能力，词语音节的数量影响韵律单元的构成，留学生会产出意义不对等或无意义的韵律单元，此时韵律单元的意义等同于词汇意义，留学生双音节词的词语加工能力低于单音节词的词语加工能力，高水平汉语学习者的词汇组合能力更强、组织语块更大，低水平的反之。从而认为，概念意象图式、词汇学习与习得、认知概念加工和语言结构投射等能力影响着韵律切分的结果。可见，留学生词汇习得不能仅局限于词汇学习，教师在教学过程中要注意使用词语意象图式和认知概念加工理论，注意汉语语音结构、词语组合结构的教学和对词语意义的投射能力的培养。

第2章，留学生词汇韵律与语块意识习得特点。韵律单元构成形式与能力是衡量留学生词汇习得、阅读能力和汉语认知加工过程的标准。本章从词汇与韵律单元总体关系、两个词以上韵律单元、有无标记对韵律单元的影响等方面考察留学生汉语意象概念与认知加工机制。研究认为，初级水平汉语学习者的韵律单元与词汇构成基本相当，高级水平汉语学习者的韵律单元突破词汇单位，韵律单元更加语块化，语义概念更加完整；切分标记对初级水平汉语学习者影响较大。本章内容以论文的形式在学术刊物上发表。

第3章，语块理论与词汇教学研究。近年来，国际汉语教学领域对汉语语块的研究从未停止，对语块的基本内涵以及教学法的讨论，引起了越来越多的学者和学习者的关注。本章在梳理国内外前贤研究的基础上，对语块的界定、语块的分类包括语块的识别判定与分类标准、语块的属性以及语块在二语习得方面的重要作用等内容进行了探讨。同时，在此基础上结合课堂实践，对汉语语块教学提出了应辅以多种教学法进行教学的一般思路，强调在教学过程中教师应当主动渗透语块概念，注重学生语言输出的完整性，通过反复操练培养语感，来提升学生的习得与交际能力。

第4章，《博雅汉语》《美洲华语》词汇计量及对策研究。无论是在本土留学生的汉语课堂还是在海外孔子学院课堂，教材都是对外汉语教学最重要的构成元素之一，对外汉语教材的优劣直接决定对外汉语教学的效率。目前关于本土教材与海外教材的词汇对比研究还较少，本章选取本土教材《博雅汉语》与海外教材《美洲华语》的词汇作为研究对象，用计量研究的方法对比分析本土教材与海外教材的差异，明确国别化教材词汇差异，为国内外教材研究提供数据支持与参考建议。结合数据分析与问卷调查，研究认为，《博雅汉语》存在的不足包括：词组关联性与实用性不够，缺乏趣味性，无教师用书。《美洲华语》存在的不足包括：字词复现率不够，每课生词过少，包含英文单词过多，存在错误，题材陈旧，无教师用书。两套教材的词汇都可根据数据分析结论进行优化改进。

第5章，双音节复合词词汇化研究成果在汉语二语词汇教学中的运用。词汇化研究成果较好地阐释了汉语双音节复合词的来源和发展过程。将词汇化研究成果运用于汉语作为第二语言的词汇教学中，对于提高教师教学效率、丰富词汇教学中的语构文化、解决词汇教学相关疑难问题等方面都具有重要的意义。本章以《发展汉语》（第二版）生词总表中的7 690个双音复合词为研究对象，基于已有的词汇化研究成果，将其分为三大类：短语词汇化形成的双音节复合词、句法结构词汇化形成的双音节复合词、跨层结构词汇化形成的双音节复合词。考察不同词汇化类型的双音节复合词在不同难度等级分册、不同技能类型分册中的分布比例，进而提出何时引入、何时侧重何种词汇化模式的具体建议，并举例说明不同词汇化模式运用于汉语二语的词汇教学时应分别采取什么样的教学策略。

第6章，隐喻视角下的汉俄基本味觉词对比研究。国以民为本，民以食为天，食以味为先，从古至今人类就极为重视食物的味道。味觉词以其独特的方式记录着人类丰富多样的味觉感受，同时也承载着不同民族独特的历史文化。隐喻作为认识自己和周围世界的必要手段和工具，不仅是一种语言学术语，更是一种重要的思维方式。本章对汉俄基本味觉词的隐喻模式进行对比，分析其体现的文化差异，根据习得偏误提出相应的教学建议，让学生更好地习得味觉词汇，提高词汇教学的质量。

第7章，留学生饮食类词汇隐喻认知研究。饮食类词汇可分为食材类、饮食器具类、饮食动作类、烹饪方式类、饮食感觉（食味）类。这类词发生隐喻时围绕人体感受展开，由源域饮食域向外投射到行为域、生活域、形象域以及人体内部的心理域。在国际汉语教学中，饮食类词汇的教学应以各类大纲中的等级为依据，梳理词汇引申义并进行分级教学；采取教学与实践相结合的方式，进行情景教学；注重词汇来源和文化背景的讲解；采用文化讲解与词汇教学相结合的方法，帮助学生建构系统性的隐喻词汇网络，提升其自身的隐喻思维能力，激发其学习自主性；鼓励学生在真实的语境中学习，避免死记硬背的学习方式。

第8章，以“牛”为语素的中蒙动物词汇比较研究。为探讨以“牛”为语素的中蒙词汇的系统异同与个体异同，增进人们对中蒙“牛”词汇的认知理解，本章采用词汇网络分析法，从感情色彩、词性、词义类型和隐喻构词四个角度开展全面对比研究。可以见出，中蒙“牛”词汇词语与俗语的词性部分相同，不同点在于成语隐喻的方式。在“牛”词汇概念网络中，状物类名词、动作类动词、状貌类形容词出现频次最高，词汇隐喻多贬义。基于以上研究，我们在语言教学与学习时，要注意词义表达的可接受性及文化差异。

第9章，《新汉语水平考试HSK词汇表》用字特征和汉字教学。《新汉语水平考试HSK词汇表》以词本位为主，兼顾字本位。本章通过量化分析与比较分析的方法，分析一到六级《新汉语水平考试HSK词汇表》的用字特点及其频次分布，将其与《通用规范字表》相比较，发现留学生的汉字学习特点，与汉语为母语者的学习特点不同。本章部分内容以论文的形式在学术刊物上发表。

本项目的完成离不开燕山大学文法学院多名教师和研究生的辛勤工作和无私付出。他们是李丽老师、徐敏老师、姜永超老师、温立新老师，2018级汉语国际教育硕士研究生李思宁、王子莹、胡兰（KHULAN.J），2019级汉语国际教育硕士研究生李美玲、郝佳昕、王晶、尚琳琳，2020级汉语国际教育硕士研究生何苗、冯一鸣、黄慧。本研究负责人张文莉携课题组成员姜永超、何苗多次统校全书。以上这些老师和同学在学习、工作和研究之余，牺牲自己的休息时间，包括寒暑假，任劳任怨且热情饱满地投入本课题的研究中，从而保证了该项目超计划完成。尤其感谢相关章节的主研人员：

第1章 张文莉，姜永超，温立新

第2章 张文莉，李思宁，姜永超

第3章 李美玲，姜永超

第4章 王子莹，姜永超

第5章 郝佳昕，李　丽

第6章 王　晶，徐　敏

第7章 尚琳琳，李　丽

第8章 胡　兰，冯一鸣，姜永超

第9章 姜永超，冯一鸣

在本项目进行的过程中，燕山大学社会科学处、文法学院及学校图书馆等单位给予了大量的帮助，出版过程中承蒙燕山大学出版社鼎力支持，在此一并致谢！

全书九章内容涉及的关键词包括但不限于“韵律单元、认知加工机制、语言投射、韵律切分、韵律单位、意象图式、语块、语块理论、语块基本内涵、汉语语块教学、博雅汉语、美洲华语、词语、教材研究、词汇计量、对比研究、词汇化、国际汉语教学、双音节复合词、词汇教学、动物词汇、文化差异、对比分析、词汇概念网络、概念隐喻、汉俄基本味觉词对比、隐喻研究、差异阐释、语用频率、义项、学生词汇加工与习得、词汇教学、新汉语水平考试词汇表、汉字属性、通用规范字表、量化分析、现代汉语、吃类词汇”。从关键词可见探讨内容和角度之多，其中不免有有待深入和不足之处，敬请各位专家学者批评指正。

目　　录

第 1 章　初中级汉语学习者韵律单元切分类型及成因

1.1 引言

韵律又称节律、音律、超音段特征或非线性特征等，一般不能独立存在，只能依赖于音段、音位或音位组合而存在。Lehiste认为韵律虽然不会改变话语的不同语音特性，但是韵律会以某种特定的方式改变语音，从而使话语意思发生变化。我国著名学者罗常培指出，语言中声音的高低、轻重、长短、快慢和音色会产生韵律，韵律是人们为了准确地传达词句内容，表现说话人思想情感，以求达到互相了解的必不可少的方式。因此，韵律单元的切分不同，会产生不同的韵律话语结构，进而产生不同的表达意义。熊子瑜用朗读语料和部分电话口语语料，分析语流间断处的韵律单元和声学表现。陈默先后研究韩国留学生、美国留学生、德国留学生汉语口语的韵律特征和停顿的自然度等问题。王毓钧对比美国留学生与汉语母语者朗读时停顿的韵律在不同层级上的特点，发现美国留学生在朗读时停顿多、说话的长度短、非正常停顿较多、位置不固定。韵律单元与词汇教学、韵律单元与词汇习得等之间的关系研究也有很大的空间。中介语是介于学习者母语和目的语之间的一种形式，由于初中级学习者的汉语水平尚未达到以汉语为母语者的语言水平，处于一种系统性、可渗透性和动态性的变化之中，学习者的言语技能与语言知识都会受到各种因素的影响而体现出中介语的特征。韵律单元切分能反映汉语作为二语学习者从母语向目的语过渡的动态变化和语言知识的重构，韵律切分也可以考察留学生词汇加工的迹象与语块的形成情况。

在汉语作为二语的习得过程中，对留学生的词汇教学与研究不可避免地会涉及韵律切分，虽然有些韵律切分有时并不能构成完整意义，我们称之为语音停顿，但是，从中介语的角度，这种有目的的语音停顿也是汉语学习者自我认知能力提升、概念明晰以及词语加工的过程，反映汉语学习者语言过渡能力。因此，我们把音节之间停顿的时间作为韵律单元切分的依据，把具有语音和相对完整意义的韵律单元称为语块，从意义、音节、词汇组合等角度对比分析汉语词汇（即语法意义上的词）与留学生韵律切分单元之间的关系，从而为词汇和语块化教学提供一些有益的参考。

1.2 研究材料、研究方法和被试

被试材料：本章以国家规划中级汉语教材《发展汉语》第九课“给咖啡加点儿盐”为备用测试材料。材料包括四段文字，按照句号来分共有21句，句子的平均长度约为30个字；将所有具有区分作用的标点作为分句标准，可分为57小句，每个小句由2～12个不等的词构成。材料共可以分为394个单音节、双音节或多音节词。我们将文本内容重新录入，制成无分词标注的原始文本材料和有分词标识的材料，原始材料保留原始文本、标点和段落等文本特征；分词标识材料采用教育部分词标准，对原始文本进行分词，但不包含词或标点的语法标记。

汉语分词标准：目前各类分词软件较多，分词结果存在部分差异，为尽量保证分词的可靠性，本章使用教育部语言文字应用研究所计算语言学研究室的分词标准，并使用其在线分词及标注软件生成标注文本材料（http://corpus.china-language.edu.cn/）。

被试对象：燕山大学来华学习的汉语进修生。因被试材料为中级水平所用材料，结合《汉语水平等级标准和语法等级大纲》和《国际中文教育中文水平等级标准》的要求，这些初试者应该达到HSK四级及以上水平。本研究基于以上标准，选择的被试者均在母语环境下学习过一年汉语，在华学习了半年汉语，还未参加HSK四级水平考试，共六名同学，她们来自吉尔吉斯斯坦、白俄罗斯、俄罗斯和韩国。同时，为了与中级水平者作对比，选择两名初级水平的汉语学习者，男女各一名，分别来自印度和俄罗斯，这两名同学在中国已经学习了半年汉语。

实验过程：首先，将文本材料数字化，对原始课文内容进行重新排版，将内容控制在一张A4纸的幅面中。其次，对数字化后的文本内容进行分词，并去掉词和标点符号的语法标记，仅通过“/”保留分词标记。接着让每个留学生都先读无分词标识的原始文本，再读有分词标识的文本，现场由三名教师分别根据每个留学生的语音停顿确定韵律单元，并使用录音设备记录每个留学生语音，方便后期核实与分析。三名教师将各自标记的韵律单元进行比对，完全一致的作为留学生韵律单元切分的结果；不完全一致的，通过听录音以及与学生核实，确定留学生语音停顿的位置。最后，采用计算机辅助方法，将材料全部录入电脑，编制程序将每个小句对齐，对不同留学生的韵律单元划分情况、有无分词标记在韵律切分上的表现、韵律单元与语法词之间的关系、词汇讲解是否有益于留学生扩大韵律切分的单位等方面进行分析，总结韵律单元的类型，统计分析被试者韵律在不同等级和不同意象概念中的分布特征；尝试从概念意象图式、认知加工机制与语言结构投射等方面分析词汇与韵律单位、语块间关系。

1.3 从意义角度分析留学生韵律单元特点

汉语词汇意义是留学生习得韵律切分、掌握韵律单元和语块化组合的基础，由于来华的汉语学习者的汉语水平没有达到汉语母语者的语言水平，而且每个留学生汉语水平各异，因此，在朗读的过程中，其韵律切分的结果，既表现为有意义的韵律单元，此时韵律单元或等于语法词、或是语法词的正确组合；又表现为与语法词意义不对等或无意义的韵律单元。韵律单元与语法词之间的总体关系，如图1-1所示：

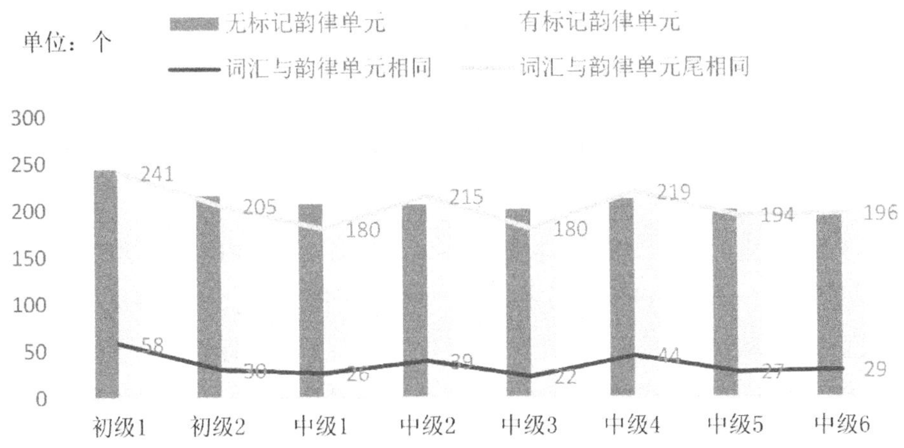

图 1-1　留学生语法词与韵律单元关系

上图显示，（1）留学生切分的韵律单元与语法词完全相同的数量不多，说明被试留学生都有对词语再组合与再加工的能力。其中再加工最多者为初级印度男留学生，有58个韵律单元与词语完全相同，确实反映了该留学生虽能区分词语，但词语的加工组合能力较弱。（2）有无分词标识对留学生切分韵律单元没有特别明显的影响，因此，汉语文本作为没有空格区别词的语言文献材料，也没有明显影响学习者习得汉语词语和词汇加工的能力。在此组实验结果中，初级1和中级6的表现最为明显，两位留学生对是否有分词标识并不敏感，有无分词标识的韵律单元切分结果几乎相同。其中，初级1无论是无标记的韵律单元还是有标记的韵律单元，其韵律单元切分数量较其他同学都高，从一个侧面反映出该生词语加工能力较弱，而且有无分词标记并没有影响该生的韵律单元切分。

此外，留学生韵律单位的切分结果，有些从汉语母语者的视角，或为无意义的韵律单元；但是从中介语角度，却反映出不同的认知加工机制。每个留学生都存在一到两个韵律单元与汉语词汇的切分不同，而且集中在对小句子的韵律单元切分上，具体情况如下。

1.3.1 因对意象概念的加工机制不同产生不同的韵律单元

小时候/，我/家住/在/海边/。

在被试32份材料中，只有一份无分词标记的韵律单元被切分为“我家住在/海边”。其他被试者韵律切分的结果为“我家/住在/海边/”。所有的被试者的区分结果与汉语分词都不同，反映出留学生韵律切分所蕴含意象概念与汉语分词意义不同。被试者意象概念的中心是“我家”所在位置，而汉语分词的意象中心是“我”。意象概念的不同造成韵律单元切分差异。

1.3.2 因认知的缺失产生不同韵律单元

（1）尽管/他/明明/知道/自己/配不上/她/。

有3份无分词标记的材料把“配不上”进一步细分为“配/不上”，其他材料都把“配不上”作为与词对应的韵律单元。说明部分被试者对该词组的理解，还没有形成较为完整的认知概念，仅停留在词义层面，从而把“配”与“不上”分开。所以，就对该词组的理解来说，词汇切分标记有助于留学生认知概念形成，对于模糊的概念，词汇整体记忆有助于留学生目的语的习得与认知加工。

（2）这/奇怪/的/举动/引起/了/她/的/好奇心/。

有3份材料的韵律单元被切分为“好/奇心”，两份出现在无分词标记材料中，一份出现在有分词标记材料中，其中，有被试者对有无分词标记的材料切分结果相同，通过进一步访谈发现，这些被试者把“好”作为一个完整的“好坏”义，把“奇心”理解为“奇怪的心”。有一名被试者在分词标记提示下才能正确理解词语。因此，在教学中应加强对词汇识别的教学。此外，留学生虽然掌握“对事物好奇”的认知概念和概念图式，但是无法对看到的词汇或句子进行意象概念的认知加工与投射。因此，培养汉语的认知框架和投射能力，也是词汇教学的重要内容。

（3）她/完全/被/他/给/征服/了/。

“完全”被切分为“完/全”。同样是因为留学生没有掌握“完全”作为整体意义的意象概念，因此运用了错误的韵律切分方式。而“完/全”又不具有认知概念上的“完全”义。

在所有的被试材料中只发现上述4例韵律切分不对等现象，反映出留学生认知概念、认知加工和结构投射方面的差异。因此，在词汇教学中，教师要对留学生词汇加工结果加以区分，使教学更有针对性。同时，可通过支架式驱动的语料教学，避免上述现象的发生。

1.4 从音节角度看韵律单元

从音节角度对分词标注后的被试材料进行统计，得到单音节词224个，双音节词145个，三音节词21个，四音节词4个。考察词的音节多少与韵律单元之间的关系，可以看出留学生韵律切分的情况。词语具有音节差别，有些词语有两个音节，有的有三个音节，有的甚至有四个音节。所以，从音节长度考察韵律单元与词汇的关系，是衡量留学生目的语认知水平的有效途径。在篇章阅读中，有效的韵律切分包括与词汇意义相等的切分和对词汇进行认知加工的切分。在该项研究中，每位被试者切分的韵律单元与词汇数量、基于韵律单元的词汇和词汇音节相同的比重各有差异。具体如表1-1所示。

表 1-1　基于韵律单元的词汇数量及其与词汇音节相同数量

被试者	单音节词量	单音节相同	双音节词量	双音节相同	三音节词量	三音节相同	四音节词量	四音节相同
初级1	224	21	145	32	21	5	4	4
初级2		8		19		3		4
中级1		10		13		3		4
中级2		11		24		4		4
中级3		4		15		3		4
中级4		10		31		3		4
中级5		4		19		4		4
中级6		5		20		4		4

从表1-1可见，被试者直接将单节音、双音节和三音节词作为韵律单元的数量都很低，如，单音节词有224个，相同韵律单元的最多只有21个，少的只

有4个；双音节词有145个，与双音节相同的韵律单元数量最多的只有32个，最少的只有13个；单音节的200多个词均与其他词组合构成新的韵律单元，双音节的145个词均与其他词结合构成新韵律单元；另外，虽然单音节词量大于双音节词量，但是单音节相同的韵律单元数量均小于双音节相同的韵律单元数量，例如，初级单相节韵律单元与双音节韵律单元比为21∶32，中级6单双比为5∶20，说明每个被试留学生单音节词的韵律组合能力明显高于双音节词的韵律组合能力。

相同单音节、双音节、三音节的韵律单元数量的多少反映了汉语学习者水平的高低，如初级1，其单、双、三音节的韵律单元数量均大于同级或中级水平的汉语学习者。而中级水平的汉语学习者整体都较高。但是，中级4的双音节韵律单元明显较高，单音节词相对同级别其他学生较高，反映出该留学生虽然掌握了很多词语，但是对词汇的组合运用能力需要提高。综上所述，所有汉语学习者都具有一定的词语加工与组合能力，能够根据自己的中介语水平对汉语词语进行认知加工。另外，无论是初级水平还是中级水平的汉语学习者，他们都能准确地使用四音节词语，并做出正确的韵律切分。这说明固定形式的成语、俗语或俚语等，一旦被留学生掌握，就可以被正确地切分。

1.4.1 以单音节词作为韵律切分单元，韵律单元相当于词汇意义

例如，把、您、很、盐、聊、说、等、穷、放等，被试者虽然采用词汇加工机制，但是在韵律切分时，也能通过这些词的概念意义进行自我独立的认知加工，从而在朗读过程中，输出正确的韵律停顿。

1.4.2 双音节词和三音节词作为韵律切分单元，韵律单元相当于词汇意义

例如，男人、没有、时间、频繁、想家、年轻、海边、拒绝、习惯、邀请、因为、约会、很久、一下子、要不然、第一次、之所以、一会儿、大学生等词，双音节韵律切分占大多数，这些韵律切分具有的意义多与词汇所含意义相当，汉语构成双音节占优势的特征在留学生习得词汇与韵律切分中表现突出。由此可见，理解词汇意义是韵律单元切分的前提，同时也是构成认知概念的基础。

1.4.3 四音节词主要是习用语或者成语，这些词有着确定的意义

被试材料共出现四处4音节词语，其中，“结结巴巴”出现2次，“不知不觉”“大吃一惊”各出现1次，所有被试者都能正确切分出这3个词，没有出现对这3个词的再切分现象，而且有的被试材料，还将“不知不觉、结结巴巴”与后面的动词相组合，构成更高层级的韵律单位，这反映出成语、俗语等教学在韵律加工中的重要性。

1.5 从词汇组合看两个及以上词汇构成的韵律单元

两个及以上词语构成的韵律单元反映留学生运用汉语思考的能力，了解其有助于考察留学生认知加工机制。如，语法分词结果“这/是/她/第一次/听到/男人/在/她/面前/说/自己/想家”，此句分成12个语法词，而留学生韵律单元的切分结果为“这是/她第一次/听到男人/在/她面前说/自己想家”，此句仅被留学生切分为6个韵律单元。可以看出，留学生在朗读的过程中，结合了比较紧密的几个音节，内部一般不出现停顿，因而构成新的韵律单元，这种现象与母语为汉语者韵律词的使用类似，都具有和语法词并不完全对应的特点。20世纪50年代Miller的短时记忆容量“7±2”的“组块”概念和Becker的“预制语块”概念，能为留学生韵律单元的加工与研究提供理论支撑。陆俭明等从构式语块角度分析汉语的构式类型和分析方法，认为留学生具有中介语特征的语块同样具有心理现实性，能将小的语言单位联合成相对具有整体意义的大单位，在减少记忆负担的同时，更方便地获取和使用固定或半固定的语块信息。因此，对留学生韵律单元中的语块类型及特征分析，有益于更好地理解与研究汉语学习者如何接收、思考和运用词语。考察朗读材料发现，几乎每个留学生都具有一定的汉语词汇加工能力，留学生把自我认知域内的意象图式反映在韵律单元上，特别是两个及以上词汇构成的语块式韵律单元上。由两个及以上词语构成的韵律单元分布具体如图1-2所示。

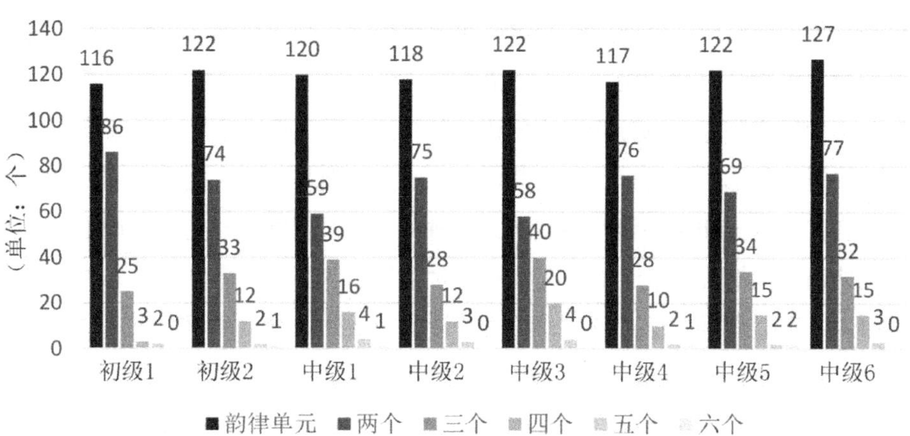

图 1-2　两个以上词语构成的韵律单元分布

留学生总体韵律单元与词语之间的关系，具有如下特征。总体上，汉语水平越高，对词语组合加工的处理能力越强，反映在韵律单元上，留学生对词语的加工与组合能力越强。如中级水平留学生韵律单元数相对较多，但是，初级2语块式的韵律单元数量与中级水平者相当，高于初级1，反映出该生在阅读过程中更容易获取语块化的词汇知识，汉语整体记忆与使用能力较高，接近于中级水平学习者，其之所以处于初级水平，应该是掌握汉语词语的数量没有中级水平者多。在所有被试材料中，韵律单元都是2个至6个的词语构成的语块，这也印证了留学生短时记忆容量具有“7±2”的组块特点，每个留学生都具有“两个词构成的韵律单元”>“三个词构成的韵律单元”>“四个词构成的韵律单元”>“五个词构成的韵律单元”>“六个词构成的韵律单元”的特点。语块以两个词和三个词构成的韵律单元为主，五个词和六个词构成的韵律单元数量极少，其中六个词构成的韵律单位是以下两句“你/为什么/要/放/盐/呢”和“每次/她/都/对/服务员/说”，两句都侧重于口语表达，难度不大，说明留学生对更高级的词语的加工与组合能力仍有提高空间，在教学的过程中应该有意识地开展具有汉语母语特征的语块教学，提升留学生词语语块化能力。同时，我们注意到，以单个词汇的韵律单元为主的留学生，不管其词汇量处于中级或者初级，其韵律单元的切分结果表明其处于初级学习水平。随着词汇语块化处理能力水平的提高，两个词汇和三个词汇的韵律单元成量增加。韵律单元的组合关系，反映出留学生对相关语块和构式结构的处理能力。

一种语言到底可以分为多少种语块和构式，每个阶段的学习者应该具有多少语块组合与加工能力，目前仍需要深入研究。但是，从大类看，应该同时存在语言共有构式和某些语言特有构式两种类型。只要掌握一定量的词汇，在意象图式清晰的情况下，运用共有构件投射到目的语上，韵律单元切分的正确率会很高；而某些语言存在另外一种语言没有的认知概念，留学生产出韵律单元的正确率就较低。因此，语块和构式的区分对留学生词语加工与组合能力的研究意义重大。下面重点研究留学生代词和助词韵律单元切分情况。

1.5.1 代词组合式韵律单元

被试材料共涉及58个代词。如他、她、自己、什么、他们、那、我、等，分布在句首或句中，以代词为中心，被试者处理代词与前后词之间的韵律切分，体现出留学生不同的认知结果。Selkirk认为，虚词没有成为韵律词的资格，它在韵律上总是表现为弱形式，这种弱形式的韵律词应该归入附加组。Shattuck-Hufnagel和Turk认为附加组是一个由实词及相邻的虚词组成的单位，实词一般带重音，而虚词却常常弱化。下面分类讨论代词与其他实词、虚词的韵律组合情况。

一、代词居于句首的韵律切分。

（1）d/c+r式：如，而他、尽管他、可是他、可是他却、于是她等。

以副词或连词开始的句子或小句，几乎所有的被试者都选择了将“副词与代词”或者“连词与代词”相结合作为一个韵律单元，而不是与后面的谓词性结构结合。这种结合应该是受到前置副词或连词弱化的影响，从而与其后的代词相结合组合成一个韵律单元。尽管在大量的研究中发现，汉语双音节副词、连词通常可以独立作为一个韵律词构成一个韵律单元，但是这些被试者仍然将“尽管、可是、于是”等副词或连词与后面的代词结合，而没有将其独立作为一个韵律单元，反映出留学生中介语的词汇组合动态特征，或许是因为代词在句首，在朗读中较容易使用词语组合的加工机制。

（2）r+d/pn/a/v+u式：如，你为什么、你为什么要、他结结巴巴地、他勇敢地、他又、他在咖啡里、她发现、她发现他、他去过、他和她、他和她是等。

该形式韵律单元以代词+形容词、动词、介语短语或副词构成一个韵律单元，有时后面多出“了”“地”等以三个词构成一个韵律单元，这类“代词+动词+助词”，“代词+连词+代词+（动词）”等形式构成一个韵律单元，代词与其后实词相结合，两个实词之间不存在语音停顿或声音延长，说明留学生在使用多个实词组合表达概念意义时，具有较强的语法构式组合能力。

二、代词居于句中的韵律切分。

在所有被试材料中，代词居于句中，几乎无独立现象，要么与其前词结合，要么与其后词结合，构成一个韵律单元，但是，有些韵律单元并没有完整的意义，甚至出现与句子意义相反的韵律单元。

（1）根本/d没有/v什么/r话题/n。

对于疑问代词“什么”，留学生韵律切分结果有：1.d+v/r+n、2.d/v+r/n、3.d+v+r/n。以韵律切分与汉语语法层级关系来看，形式2“没有什么”结合的韵律单元是三种形式中最多的，这种词汇加工的机制与汉语为母语者的语义相近。形式3是把“话题”作为中心，前面的成分作为完整的修饰义限定话题，三种形式反映出从后到前或者从前到后的韵律切分方式。形式1只有一例，说明了该类型不太符合汉语修饰语的切分习惯，可能是学习者对概念认知不清，或者学习者正处于掌握修饰构式结构的中间过程。

（2）要不然/c就/d和/c他/r错过/v了/u。

人称代词“他”，留学生韵律切分结果有：1.c/d+c+r/v+u、2.c/d+c+r+v+u、3.c/d/c+r/v+u、4.c/d+c/r+v+u。代词“他”不独立作为韵律单元，均与前词或后词组合成更高层级的韵律单元，这四种形式都认识到连词应与其他成分区别开。前三种形式的韵律切分都与概念表达相符，差异在于对词语加工的程度，在被试32份材料中，采用最多的韵律切分是形式1，在即时阅读的过程中“就和他”“错过了”分别被加工成两个相对完整的语义概念。形式2要求有更高的认知加工能力，在被试语料中，只有一个用例采用形式2。形式3从韵律切分上分为“要不然”“就和”“他错过了”三个韵律单元，这三个韵律单元中，“就和”词汇加工没有相对完整意义，也违背了单音节虚词要与相邻的实词共同组成一个韵律单位的规则。“他错过了”韵律单元的语块意义发生了改变，与原句要表达的意义不同，虽然在代词与动词语义的加工上没有问题，但是，因为不是目的概念的反映，所以这种韵律切分是错误的认知加工，因而，无法把意象图式的意义正确地投射到汉语的结构形式上。

（3）别的/r客人/n的/u目光/n也/d一下子/d集中/v到了/v他/r的/u身上/nl。

留学生对“集中到了他的身上”的韵律切分结果有：1.v+v/r+u+nl、2.v/v/r+u/nl、3.v+v/r+u/nl。形式1是大多数被试者都采用的形式，区分了动词性语义与名词性语义两种语义概念。代词作为名词义概念与后面的助词和方位名词结合，而不是直接与前面的动词结合形成另一种韵律切分，因此，动词义和名词义分别结合的形式在概念与构式上应该是多种语言共有的。形式2和形式3的韵律切分，也体现出代词与助词的结合，动词进一步切分所形成韵律单元与词汇意义相当。在有“的”字标记的韵律切分上，留学生表现出了一致性。

（4）当/p他/r提出/v送/v她/r回家/v时/nt。

留学生对“提出送她回家”代词后是动词性结构的韵律切分结果有：1. v/v+r/v、2. v+v+r/v、3. v/v+r+v。形式1是被试者采用得最多的韵律切分方式，该韵律切分把“她”与“送”结合完成意象概念的加工，形成完整的语义块。形式2和形式3是对形式1更高层级的加工，使语义概念更加明确。三种形式都是认知概念的正确表达，反映留学生较强的认知加工能力。被试材料中仅存1例不当的韵律加工，即v+v/r+v，该结构首先分为“提出送”与“她回家”两个语义概念，这两个概念与意象概念并不一致，因为，句子要反映的意象概念是“送她回家”，而不是构式上反映出的“提出送”和“她回家”两个不同的概念。

综上所述，由代词与其他词构成的韵律单元具有较为清晰的意义，代词所处位置影响留学生韵律单元的切分。代词在句首时，容易与其他连词或副词一起构成韵律单位；代词在句中会因语义表达的需要与前后词相结合，形成多种韵律切分形式。从学生切分的韵律单元来看，大多数留学生都能正确运用代词与其他词构成韵律单元，但在意象概念表达与语法构式选择上还有部分错误，低水平学习者在词汇加工与完整意义表达上还存在矛盾。这些矛盾与错误，需要在词汇教学中加大对语义加工机制的培养，而不能让学生仅仅停留在对词汇意义的理解上。

1.5.2 助词的韵律归属

助词韵律单元的特征反映留学生基于意象概念的语法构式选择，这种语法意义是语义加工与汉语表达之间的对应。汉语本体研究成果显示，汉语单音节虚词通常和相邻的非抽象实词组成一个韵律词，而助词等虚词由于通常以弱化的语音形式出现，所以总是附着在前面的成分上。那么留学生助词韵律归属是否与前置实词构成一个韵律单元，是否与汉语母语者的使用情况一致，是判断留学生中介语水平的一个标准，我们的被试材料涉及助词有："了、的、呢、着、地、吧、吗"等。因为句末助词不存在前后归属问题，去除材料中句尾的助词，考察"的、了、地、着"四个助词的韵律归属，具体如表1-2所示。

表 1-2 "的、了、地、着"的韵律归属

助词	归入前韵律单元		归入后韵律单元	
	无标注材料	有标注材料	无标注材料	有标注材料
的	113	103	4	16
了	57	48	0	2
地	35	34	0	0
着	3	2	0	0

如表1-2所示，数据显示，总体上"的、了、地、着"以和前置词结合构成新韵律单元为主，"地、着"没有与后置词结合的情况，反映出留学生在使用这两个助词时，与汉语母语者具有相同的词语加工与组合能力；"的"存在一些与后置词相结合的情况，"了"只有2例与后置词结合，说明留学生在"的、了"等词的识别上没有问题，但是"的"字的词语组合归属意识或能力还不够稳定，需要在教学或教育过程中，有意识地培养留学生助词"的"

与前置词组合的语块化意识。另外，在助词与前置词构成韵律单元上，有分词标记的只比没有分词标记的低一点，“的”的103∶113、“了”的48∶57、“地”的34∶35。这说明，总体上有无分词标记对于留学生助词的前置归属没有特别显著的影响。因此，汉语文本作为由连续字符组成的文献，虽然没有空格等分词标识，但是不影响汉语学习者的词汇习得和词汇加工，有标注的文本反而加大了留学生韵律切分的不确定性，所以留学生一旦形成汉语习惯，对汉语的加工处理能力会越来越接近母语为汉语的人群。这正是留学生在“的”“了”“地”“着”四个助词的语义归属上与汉语的表达习惯基本一致的原因。

归入后韵律单元的被试材料句子是“家乡的味道就是海水的味道”。16例有标记材料中出现了3次 “家乡的/味道/就是/海水/的味道”的韵律切分，这种情况的出现可能是受“味道”“就是”等双音节韵律连用的影响，为保持音节上的和谐，同时“海水”的概念意义与词汇意义容易加工，因此“的”的虚词意义被他们忽略了。另一例句子是“晚会/结束/的时候”，从韵律角度看，“晚会”“结束”皆为双音节词，从而使“的”弱化并与“时候”组成一个韵律单位。还有2例无法从音节韵律上解释留学生韵律切分的结果，如“有很多/的追求者”，“不知不觉/到了咖啡馆/关门/的时间”。访谈相关留学生，给出了前面内容太长，不自觉地将“的”归入了后面的理由，这说明留学生在虚词韵律归属上会受到句子长短和语法词多少的影响。

与“的”情况不同。“地”“着”虽然没有归入后韵律单元的情况，但是有独立作为韵律单元的例子，如，“两个人/频繁/地/约会”，“他/勇敢/地/邀请/她/一块儿去/喝咖啡”，“然后/红/着/脸/结结巴巴地/说”等，共有6份被试材料单独将“地、着”作为一个韵律单元。访谈相关留学生可知，造成“地”“着”独立作韵律单元的原因是没有掌握“频繁”“勇敢”两个词，掌握这几个词的词汇意义的留学生不存在将其独立作为韵律单元的情况。因此，词汇意义理解不到位制约留学生的认知加工效果，尽管留学生认知系统中有了“施事、行为”的认知加工机制，但无法有效提取汉语目的语词典库中的词汇意义，影响了他们对词语的组合加工能力。

综上所述，留学生韵律单元与语法词的关系与类型并不完全对应，韵律单元也不仅仅是语法词的简单组合，鉴于留学生汉语作为中介语因有其独特的语言特性，韵律单元的加工结果必然是多样的。因此，从留学生韵律切分角度研究语法词与韵律单元的关系及类型，探究意象概念、词汇学习、认知加工与语言结构投射之间的关系，对于深入了解汉语作为二语习得过程是一条有效途径，有利于更好地开展汉语词汇研究和以汉语作为中介语的语块教学。

第 2 章　留学生词汇韵律与语块意识习得特点

2.1 引言

汉语二语学习者是指本族语非汉语并且把汉语作为目的语学习的人，目的语环境和学习时长等都会影响二语学习者的汉语水平。因此，汉外语言对比、语言环境、篇误分析、中介语以及认知能力等都是研究汉语二语学习者学习汉语的重要方面。汉语输出结果反映了学习者用汉语对大脑中意象概念进行加工组合的能力。陆俭明对人类从感知客观事物到用言辞表达客观事物作过六个阶段的假设，即由感知客观世界形成意象，进一步形成意象图式，然后投射到人类语言形成语义框架，再到形成该语言的具体构式，最后填入词形成句子。曹剑芬讨论概念和思维在构成词句中的作用，把二语学习者从形成意象图式到投射语义框架的阶段称为汉语认知加工，把从形成汉语语义框架到输出汉语构式称为汉语认知加工机制。

本章的汉语二语学习者是指在汉语目的语环境下的学习者，忽略学习者把汉语作为第二语言或者第三语言学习的情况，主要从他们对语言材料的处理与输出结果考察学习者汉语能力，探究他们对汉语意象概念的加工输出情况。

韵律包括语音的音长、重音、声调、语调和音渡等，汉语韵律一般有韵律词、韵律短语和语调短语三级，通常一个韵律词至少由一个音步组成。和对汉语母语者韵律研究不同，二语学习者韵律切分并不完全等同于汉语母语者，其切分结果反映出学习者中介语的发展特征。

韵律切分能力是考察留学生词汇习得、阅读能力和汉语认知加工等不可回避的内容。考察学习者的韵律单元与切分能力，有益于教师词汇教学、阅读教学及培养学习者汉语认知加工能力。韵律切分以韵律单元作为衡量标准。具体可分为：（1）韵律单元可以是有意义的成分也可以是无意义的成分，两者都是汉语加工的结果，该结果不反映认知能力高低或者认知对错，而是反映用汉语进行认知加工输出能力。（2）将韵律单元是否构成相对完整的意义作为考察韵律切分能力的途径。因为词是最小的可以独立运用的语言单位，代表着一个相对完整的认知概念，如果小于词或者把词做了错误的切分，则认为没有形成恰当的汉语认知概念及表达。如果留学生切分的韵律单元包含较多的词且具有相对完整的意义，那么其汉语认知的抽象加工能力更强。（3）汉语二语学习者韵律切分单元以小于词、等于一个词或者多词组合等为标尺，作为考察词汇习得和汉语认知加工能力的衡量工具。（4）分词标记是否影响韵律单元切分，衡量被试者汉语词汇习得与认知加工是否稳定。

2.2 研究材料、对象和方法

本章的研究材料为国家规划教材《发展汉语》的一部分课程内容。该材料共4段，包含660个汉字，21个句子。平均句长为30个字，可细分为57个小句，每个小句包含2～10个不等的词。调查问卷分为无标记语料和有标记语料。无标记原始语料保留了逗号、句号和问号，去掉了对句子划分没有影响的单引号和双引号。同时，使用教育部语言文字应用研究所计算语言学研究室的分词与标注软件生成有标记语料，该有标记语料仅保留分词标记，去除词语属性。意在分析“有无分词标记对韵律切分的影响”，“韵律切分与语法范畴的关系”，“韵律切分与汉语水平的关系”，“词汇概念对留学生韵律单元切分的影响”等问题。

被试对象是燕山大学的留学生，汉语水平为初级和中级。按照HSK标准，中级被试对象的成绩都在四级水平及以上，在本国学习1年及以上的汉语；初级被试对象为还没有通过四级考试或正准备参加四级考试的留学生，在本国或在中国已经学习了近6个月的汉语。被试对象来自俄罗斯、印度、吉尔吉斯斯坦、白俄罗斯和韩国等国家。

调查过程分为词汇讲解前与讲解后两个环节。在每个环节中，被试者先读无标记语料，然后再读有标记语料，教师记录被试者的韵律切分情况，同时记录被试者语音，以便后期进一步核实与分析。运用计算机辅助手段处理调查结果，把被试者韵律切分情况与无标记语料、有标记语料进行对比，统计并分析被试者韵律意象概念的分布特征；与词汇比较，探讨词汇与韵律单位、语块间关系。

2.3 留学生韵律单位和词汇之间的总体关系

以词为单位，把测试样本分成394个单音节、双音节或多音节词，通过分析被试者对有标记与无标记材料韵律切分的结果，发现留学生对两种文本的韵律区分情况。留学生韵律单元与词汇数值关系如表2-1所示。

表 2-1 留学生韵律单元与词汇数值关系

被试者	性别	无切分标记韵律单元	有切分标记韵律单元	词汇与韵律单元尾相同①	词汇与韵律单元均值②
初级1	男	244	243	241	1.615/1.621
初级2	女	216	206	205	1.824/1.913
中级1	女	207	181	180	1.903/2.177
中级2	女	206	216	215	1.913/1.824
中级3	女	201	181	180	1.960/2.177
中级4	女	212	222	219	1.858/1.775
中级5	女	200	195	194	1.970/2.021
中级6	女	194	198	196	2.031/1.990

从表2-1可知，留学生切分的韵律单元数值小于词汇数值（394），有无标

① 指在有切分标记材料中韵律单元尾与词汇划分相同，但韵律单元首与该词汇不一定相同，即存在两个及以上的词汇作为一个韵律单元的情况。

② 前值指无切分标记韵律单元与词汇的均值，后值为有切分标记韵律单元与词汇总数的均值。

记的韵律单元数量基本一致但是有标记韵律单元数量略少于无标记韵律单元数量。可见，有分词标记不但没有影响学生阅读，反而有益于形成更大范围的韵律单元，同时，有无标记对于韵律单元的形成以及数量没有显著影响。被试者的“词汇与韵律单元均值”较为接近，也说明有无标记或提示，对留学生概念认知加工的作用并不明显。但是，两种“词汇与韵律单元均值”都说明留学生韵律单元单位大于汉语词汇单位。以上情况说明留学生在习得基本词汇，或在没有完全掌握基本词汇进而形成目的语的概念意象图式时，会根据已有的目的语知识对词汇进行映射加工，构建出多于词汇意义且超过自己已有构式水平的语言表达形式。这种有意识的韵律切分虽然不一定是完整的语义表达，但是，表明二语学习者已经有意识地在认知域范围内运用目的语中的概念框架加工相应的语言单位（韵律单元）。如被试者中级6和中级3，韵律单元均值非常接近2个词。留学生“词汇与韵律单元尾”几乎完全一致，说明留学生在获得基本词汇概念时，会不自觉地运用意象图式构建认知框架，表现出与语音不同的韵律划分单元。如被试者初级1，有切分标记韵律单元和词汇与韵律单元尾相同项分别为243和241，这2例有差异的韵律单元是“#自己/#配#不上/她/”“她/完#全/#”①，第一项中，初级1将“配不上”分开，“配”作为单独的韵律单元，而将“不上她”构成另一个韵律单元，说明初级1还不了解动词的复合趋向补语，而且“不上她”的语义输出也不明确；第二项中，将“完全”概念分开，“她完”构成一个韵律单元，“全”作为一个韵律单元，而在无标记语料中，第二项“完全”韵律切分正确，说明被试者“完全”语义概念加工的稳定性不足。纵向来看，随着汉语水平的提高，无论有无切分标记，汉语学习者韵律单元的数量均呈递减趋势。汉语水平与韵律单元之间呈反比关系，正与汉语水平越高者对目的语认知意象和认知加工能力越强一致。

① “#”号表示被试者韵律切分结果，“/”号为分词结果。

2.4 两个及以上词汇与韵律单元分布的关系

研究韵律单元与词汇数值之间的关系，我们能发现留学生切分韵律单元的稳定性与随机性。如果一名被试者切分的韵律单元包括两个及以上的词汇数量较多且相对集中，就可认为，该留学生韵律单元运用能力较强；而如果数据较为分散、数量不稳定且差异较大，我们就有理由怀疑，该留学生运用了回避原则或者还没有形成较为清晰的目的语意象图式和认知加工机制。因此，分析两个以上词汇与韵律单元分布的关系非常有意义。把汉语词类切分的结果与留学生切分的韵律单元进行比较，包含两个及以上词汇的韵律单元数据如表2-2所示。

表 2-2 包含两个及以上词汇的韵律单元

被试	性别	韵律单元	两个	三个	四个	五个	六个
初级1	男	116	86	25	3	2	
初级2	女	122	74	33	12	2	1
中级1	女	120	59	39	16	4	1
中级2	女	118	75	28	12	3	
中级3	女	122	58	40	20	4	
中级4	女	117	76	28	10	2	1
中级5	女	122	69	34	15	2	2
中级6	女	127	77	32	15	3	

数据显示，被试对象包含多词的韵律单元总量较为接近，都在120个左右。从韵律单元包含词汇数量来看，每个被试表现出不同程度的差异。首先，初级1与中级2的韵律单元相差两个，但是，初级1将两个词汇作为1个韵律单元较多，而中级2三个词汇和四个词汇的韵律单元比初级1多12个，所以中级2的汉语水平和构式能力明显比初级1突出。初级2与中级1相差两个韵律单元，但是，初级2也以两个词汇的韵律切分单元为主，中级1三个及以上词汇组合加工能力强于初级2。考察三个以上韵律单元的情况，中级1目的语下的意象图式与汉语认知框架能力是被试对象中最优秀的。具体来看，初级2六个词汇的韵律单元是“你/为什么/要/放/盐/呢”，中级1是“每次/她/都/对/服务员/说”，相比较中级1，初级2的韵律单元更加口语化，中级1的句子更似陈述式。我们再来看初

级2对中级1句子的韵律切分：在有分词标记的情况下为“每次/#她/都/#对/服务员/说/”；在无分词标记的情况下为“每次#她#都#对服务员说”。中级1对初级2句子的韵律切分为：在有分词标记的情况下为“你/#为什么/要/#放/盐/呢/？”在无分词标记的情况下为“你#为什么要#放盐呢？”可见，无论是否有切分标记，中级1都表现出稳定性，对该句子的两个加工过程形成较为一致的意象图式投射，而初级2在两个文本中表现出不同的韵律切分，说明其概念意象的形成还处于中间过渡时期，不稳定性较为明显。两名留学生对六字词汇的韵律处理，正说明他们对汉语目的语的认知加工能力与语块组合能力的差异。

数值及其分析说明：词汇组合与加工能力不同导致被试者汉语认知加工机制的差异。把所有韵律单元作方差分析得到表2-3。

表 2-3　韵律单元的词汇分布及方差

	初级1	初级2	中级1	中级2	中级3	中级4	中级5	中级6
韵律单元总数	243	206	0	216	177	222	195	198
一个词汇韵律单元	127	84	61	98	59	105	73	71
两个词汇韵律单元	86	74	59	75	58	76	69	77
三个词汇韵律单元	25	33	39	28	40	28	34	32
四个词汇韵律单元	3	12	16	12	20	10	15	15
五个词汇韵律单元	2	2	4	3	4	2	2	3
六个词汇韵律单元	0	1	1	0	0	1	2	0
均值	40.50	34.33	30.00	36.00	30.17	37.00	32.50	33.00
标准差	53.52	36.60	26.82	40.96	26.08	43.53	32.07	33.75
两个以上词汇韵律单元标准差	36.55	30.57	24.71	30.73	24.51	31.33	28.17	31.47

对上述数据进行可视化处理，得到留学生韵律单元的均值和总体特征、每个被试对象的离散程度、韵律单元使用的稳定性和包含词汇多少。如图2-1所示：

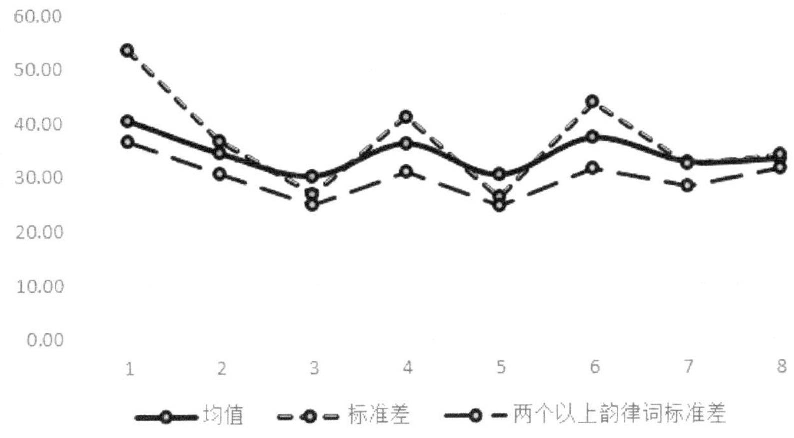

图 2-1　韵律单元分布与词汇关系

图2-1表明，除初级1的均值超过40外，其他被试对象均值都在30～40之间，这些被试者的韵律单元的整体水平具有一致性。作为汉语学习者，初级1的词汇再加工能力低于其他被试者，其汉语语义框架的语言加工能力相对低于其他同学，因此，培养初级1的汉语语义加工能力和准确输出能力更为重要。汉语词汇习得是词汇教学的初始阶段，虽然初级1熟悉的汉语词汇并不少，但由于他没有形成一定的汉语认知意象与汉语构式，因此不能对所见词汇进行加工进而形成更大的韵律单元。所以，词汇教学的高级阶段是如何对汉语词汇进行认知加工与组合输出。这是衡量留学生汉语水平的关键。中级3、中级5、中级7和中级8的韵律单元均值较低，这表明他们对词汇组合与认知加工的能力更强，其汉语水平相对于其他被试者更好，汉语目的语的意象图式更多些。

由此可见，随着汉语水平的提高，留学生目的语的韵律切分也将更加稳定。在初级水平时，虽然掌握的词汇量可能超越中级水平的汉语学习者，但汉语认知加工机制不稳定造成韵律单元的多样性。所以，在词汇教学中，应根据留学生的水平，适当增加适合目的语认知框架与意象概念形成的构式语法或语义组合教学策略。

2.5 有无分词标记的个案对比分析

对比同一被试者对有无标记文本划分韵律单元，一方面，可以观察分词标记对留学生韵律切分的影响程度，哪些学生更易受其他标记影响；另一方面，两种文本共有的韵律单元可以反映出留学生韵律单元认知加工的一致性。一般情况下，共有韵律单元越多越能体现出认知加工的共性，有可能运用了共同的认知框架，进行认知概念及语义的加工，进而输出各种概念的语言构式。但是该数据无法证明认知加工能力强弱和目的语意象图式的丰富性，要对文本中共有韵律单元作进一步的细化分析才能证明留学生认知能力的强弱。对留学生来说，每一个韵律单元都是汉语认知能力与目的语输出能力的体现。他们划分有无标记文本，所得韵律单元数值如表2-4所示。

表 2-4　韵律单元在有无分词标记文本中的分布

被试	性别	两文本共有韵律单元①	有分词标记有、无分词标记无的韵律单元	无分词标记有、有分词标记无的韵律单元
初级1	男	123	81	91
初级2	女	117	66	73
中级1	女	69	94	112
中级2	女	111	80	78
中级3	女	109	64	75
中级4	女	140	54	54
中级5	女	143	38	45
中级6	女	101	83	80

数据显示：中级4和中级5分别有140和143个韵律单元，而初级1“两文本共有韵律单元”123个，但是他的韵律单元总量为295，所以，其数值与中级4与中级5的意义不同。因共有韵律单元数量相当，初级2、中级2、中级3和中级6可归为一组。中级1与其他被试数据分布特征差异较大，既有分词标记的影响

① 此三个字段都是去除重复韵律单元后数据。如“说”在无标记文本中三次单独切分，只计 1 次。再如中级 1 在两个文本中共有 84 个韵律单元相同，因韵律切分结果相同，去重后只计 69 个韵律单元。

因素，又有语块构成方式多样性的因素。如：

（1）她呢，尽管很吃惊，然而出于礼貌，还是答应了。

（2）她#呢，尽管很吃惊，然而#出于#礼貌，还是#答应了。（无分词标记语料韵律切分）

（3）她/呢/，尽管/#很/吃惊/，然而/出于/礼貌/，还是/#答应/了/。（有分词标记语料韵律切分）

句子（2）和（3）的韵律切分结果只是语块的大小之别，从“她”“呢”到“她呢”，“尽管”“很吃惊”到“尽管很吃惊”，“然而”“出于”“礼貌”到“然而出于礼貌”，每种韵律切分都符合汉语语义内容，且不受分词标记的影响，将汉语语义框架或投射到词，或投射到小句，反映出被试者中级1能根据自己的汉语认知能力，自如且准确地在词和句法层面进行汉语认知加工输出。

总体来看，从被试者具有相同或相似认知框架而切分的韵律单元可以看出，被试者已经形成一定数量且较为稳定的意象图式与汉语认知加工能力。中级4与中级5两种文本切分重合率较高，说明两名被试者目的语认知加工与语义组合能力较为稳定，同时，在韵律单元总量大致相当的情况下，留学生对两种文本内部关于韵律单元的划分存在分歧。这种分歧表现在无分词标记的韵律单元与有分词标记的韵律单元的差集上，除了因分词标记影响词汇加工的韵律单元外，更可能是深层次的概念处理与认知框架的不确定性造成的。

2.6 两种文本相同韵律单元的构成分析

考察韵律单元的内部构成，可以更清楚地发现每个留学生认知加工的词汇类型和认知加工机制水平。词汇构成的韵律单元反映留学生的词汇加工能力与汉语语块表达能力，一般情况下，韵律单元包含的词汇越多，留学生的汉语表达与加工能力越强。反之，留学生认知加工能力越弱。

表 2-5　有无分词标记文本中的韵律单元与词汇关系

被试	性别	非重复[①]	含重复	一词	二词	三词	四词	五词	六词
初级1	男	123	156	103	47	6			
初级2	女	117	138	65	48	20	5		
中级1	女	69	84	36	28	16	3	1	
中级2	女	111	130	65	47	13	5		
中级3	女	109	115	43	42	20	8	2	
中级4	女	140	163	81	55	18	8	4	4
中级5	女	143	156	68	55	23	10		
中级6	女	101	111	46	45	16	4		

从表2-5可知，无论有无标记，被试者的相同切分达到了50%，有的更达到了70%。从整体上看，有无标记对留学生韵律单元的形成没有太大影响，而中级1却与其他被试者不同，其重复项低于一半，造成这种差异的原因有两种：（1）被试者韵律切分的不稳定性造成词与词之间随意切分。（2）被试者采用不同汉语认知加工方式投射到不同的汉语构式上。结合前面分析，中级1属于后者。把中级1与其他被试者相同韵律单元作对比，其他被试者的韵律单元主要包含一个词或两个词，特别是初级1，虽然在对两种文本切分时产出相同的韵律单元较多，但无论有无标记，初级1都是以一个单词作为一个韵律单位，其他被试者都保持相对稳定的均衡度。而中级1一个词的韵律单元较少，说明中级1的汉语认知加工机制能力较强，而且对汉语语义加工显示出更大的灵活性。

2.7 留学生对特殊标记材料的处理

为考察留学生意象概念与认知加工和词汇的关系，以及词汇切分标记对留学生认知表达是否有影响，分析一些特殊的句子和词的切分，可以发现留学生

① 此三个字段的数据都是去除重复韵律词的结果，如“说”字在无标注文本中三次单独切分，我们只计作一个。如中级 3 在两个文本中共有 84 个相同韵律词，去重后，只有 69 个韵律词，

表现出一定的整体性特征。

（1）他结结巴巴地说：麻、麻、麻烦您拿点儿盐过来。

（2）小声说：我、我喝咖啡习惯放点儿盐。

上述两句中，几位被试者的韵律切分都是“麻烦您”，而不是依词汇的区别在“麻烦”与“您”之间作韵律切分，也没有因为前面两次的停顿，而在每三个“麻”字上作停留。这说明所有被试者对“麻烦”一词有全面的掌握，而且对由“麻烦”构成“V+N”的意象加工机制有着较为准确的认识。第二句中，被试者的切分主要有“我喝/咖啡”与“我喝咖啡”两种类型，其中，汉语水平较高者基本上以后者为主，而初级汉语水平者，多将“我喝”作为一个韵律单元。这说明留学生已经能很好地掌握以话语者自述为中心的述谓结构，即容易加工以自我为出发点的意象概念。

综上所述，初级水平的汉语学习者，韵律单元的切分与词汇构成基本相当，而水平相对较高的汉语学习者其韵律单元突破词汇单位，出现多个词语组合作为韵律单元的情况。切分标记对初级水平汉语学习者的影响较大，随着汉语水平的提高，切分标记并不能决定韵律单元的切分单位；意象图式形成后，留学生对句子的切分有明显变化，韵律单元更加语块化，表现出一个相对完整的概念。也就是说，对于相对高水平的汉语学习者来说，词虽然不能决定韵律单元的切分，但是对学习者构成恰当的目的语意象图式有积极作用，对留学生词汇教学仍然需要使用词汇与语法的类推机制。

第 3 章　语块理论与词汇教学研究

3.1 语块的界定

西方语言学对于语块的研究最早可以追溯到19世纪中期，西方学者对失语症患者进行语言实验时发现，虽然部分失语症患者丧失了构建语言的能力，但奇怪的是，对于一些韵文、祷文和日常问候语等，他们却可以流利地说出来。同样地，西方语言学界的许多学者对语块也从不同角度进行了描述或讨论。

最早从语言学角度对“语块”进行定义的是Becker（1975），他指出，“组块”是在人们语言使用的过程中，作为记忆和存储、输出和使用的固定或半固定模式化的板块结构，是我们在进行交际的过程中最小的语言单位。

Pawley和Syder（1983）认为当人脑中储存的语块越多时，他们的表达就会越流利、越地道，因此提出了“词汇化词干”（lexicalized stems）这一概念。Sinclair（1991）提出了开放原则和习语原则，即对话语进行编码解码和重新组合，以及语言交际时出现的高频率词汇是语言处理中重要的两条原则。

Nattinger和De Carricro（1992）提出了由多词构成、介于词汇与语法之间、较为固定的“词汇短语”（lexical phrases）这一概念，并且认为“词汇短语”具有形式、功能和习语性的意义。

Moon（1998）提出了“固定表达与习语”（fixed expressions and idioms）这一概念。认为“固定表达与习语”是由两个或两个以上词语组成、介于词与词组之间的整体语言单位，主要包括各种短语、熟语和多词词汇单位。

Wray（2000）梳理提出了“预制语言”（prefabricated language）、“预制复合单位”（ready - made complex unites）、“词汇化句干”（lexicalized sentence stems）、“多词单位”（multi-word unites/sequences）、“程式化语言”（formulaic language/sequences）、“言语程式”（speech formulae）等50多种概念。为了避免这些在不同类型语料数据研究中产生的术语给读者阅读造成困难与疑惑，他提出应该建立一个在概念上中立的，内容上包容广泛的术语 “formulaic sequence”。他认为“formulaic sequence”必须是由词语或其他意义成分组成的、具有预制性、连续的或非连续的序列，同时在使用上，应该满足在人们的大脑中可以被整体存放和提取。

相比国外，国内在语块研究方面起步虽晚，但近些年发展迅速，汉语语块理论日渐完善。

周健（2007）最早对汉语语块进行了界定，认为语块是“一种经常出现在各类句子中的、具有构句功能的、比词大的单位”。

王慧（2007）认为汉语中的语块是两个或两个以上词语的组合，语音连贯、具有固定性的单位。这里特别强调了“语音连贯”这一形式特征，但我们认为这一语音形式上的限定反而使其界定具有较大的局限性，使得一些可能的语块形式难以囊括其中。

钱旭菁（2008）对汉语语块的界定则更为完整、清晰。她认为，搭配、惯用语、成语、歇后语、谚语、格言、名言、警句、会话套语、儿歌、歌词、宗教经文等都由多个词构成，整体储存、整体提取、整体使用的语言结构都是语块。

贾光茂、杜英（2008）认为语块是兼有约定俗成性和能产性的半固定短语和结构，是介于词汇和句子之间的模式化的短语。

周倞（2009）对语块下的定义是：语块是由词组成的、大于词的、语义和形式固定的、在语境中经常整体出现、分割后或改变意义或不符合语言习惯的造句单位。

薛小芳、施春宏（2013）认为语块是由连续或不连续的词语或其他有义元素预先整合成模块的，形式、意义和功能相匹配的实体性语言交际单位。

王文龙（2013）将语块定义为：由两个或多个不大于句子的语素组成的预制非单词序列，并且通常可作为一个整体存储和提取。此外，他还从对外汉语角度再次细化了语块的定义：由两个或多个语素组成的非单词序列，不大于句子，展示出预制性，可以视为整体教学，无须进一步分析，以促进学习者识别和提取。

从上述学者的研究结果来看，汉语语块的涵盖范围广泛，在界定上并无统一的标准，目前为止汉语语块的概念并没有形成一个统一、权威、完整、清晰的定义。同时，由于汉语自身独特的特征，汉语语块所涵盖的内容广泛，词、短语、句子、篇章等都被学者们从不同角度归为汉语语块。但是我们可以看出对汉语语块的定义依旧围绕着“预制”这一特点来展开，基本上继承了 Wray（2002）的观点。

3.2 汉语语块的分类

随着语块理论的发展与汉语作为二语的教学界对于语块的关注，很多学者开始将语块理论应用于国际汉语教学，并取得了较好的效果。在对外汉语教学界，对语块分类的研究也层出不穷。刘运同（2004）对汉语语块的分类体系进行了史无前例的描绘，他将语块分为固定词串和固定框架两类。周健（2007）将汉语语块分为词语组合搭配语块、习用短语（固定形式和半固定形式）、句子中连接成分三类。钱旭菁（2008）从语言的习用性角度研究语块，按照语法功能将语块分为词级语块、句级语块与语篇语块。亓文香（2008）从语法功能与结构形式的角度，将语块分为固定搭配、词语构成成分、句子构造成分三种类型；吴勇毅（2010）根据语块的结构将语块分为固定短语语块、框架语块、离合语块、动补语块、习语语块和即时语块。薛小芳、施春宏（2013）从语块学习的交际本质出发，基于语块的原型性特征，按照形式将语块的层级关系大体分为整件式与系联式。王凤兰（2017）从语义、语法、语用的角度与标准来对语块进行分类，并考察了语块中词语序列的使用频率与搭配强度。

与成熟的英语语块研究不同，对汉语语块的分类，汉语学术界至今未有定论。汉语语块与英语语块从语言的本质上来说完全不同，英语语块的研究时间早，研究的成果突出。英语语块的确定相较于复杂的汉语而言较为容易，且已经建立了较为成熟的英语语块语料库与语块词典。汉语语块的研究最初源于英语教学界对于语块概念的引介，起步较晚，且汉语语块的研究一直未能摆脱英语语块研究的理论与研究范畴，缺乏自身独特的理论支撑，这使得汉语语块的识别与判定标准不能统一；同时汉语错综复杂的语言系统使得汉语语块的分类角度繁多，学者们以往所做的分类往往是从语块的形式、功能、意义等角度来进行的，不能做到全面而深入。许多学者的分类角度单一，提出的分类方法也有需要商榷的地方。

3.2.1 汉语语块识别与判定的理论维度

对汉语语块的识别与判定，学者们主要从语法学、心理语言学与语料库语言学三个维度来展开。

3.2.1.1 语法学研究维度

基于语法学特征的汉语语块研究出现较早，也是较为传统的研究方法，主要将汉语语块作为一种特殊的语言单位的本体研究。在语块分类研究上，并不关注语块的使用或其在句中出现的频率，只强调对语块的界定，在很大程度上属于定性研究的领域，是一种基于研究者主观观念与汉语本体知识结合的研究，这种方法多以经验主义为主，因此多见于典型语块的分析与研究之中。

3.2.1.2 心理语言学研究维度

Backer（1975）早期的研究指出，人的短时记忆的容量为7±2个信息单位。心理语言学认为，语块是作为整体记忆和提取的多词单位，汉语语块同样具有整体储存和提取的特征。心理语言学从语言使用者的角度出发，为实验心理的实证研究开辟了方向。汉语语块在这一维度下的研究使语块在二语习得领域也发挥着重要作用。目前基于心理语言学的语块分析；运用了许多科技手段研究心理词库的表征与加工，例如自定步速阅读、眼动仪研究与ERP方法等。

3.2.1.3 语料库研究维度

基于语料库的汉语语块研究，学者们认为语块研究应以语言使用为基础。因此许多学者借助语料库数据，利用计量与统计的交叉方法来对汉语语块进行定量研究，通过数据与图表等形式，直观地展现了汉语学习者在使用汉语语块时的真实状况，但基于语料库的研究方法也存在很多的问题，在近乎内省式的研究方法与有限可利用的语料的基础上，很难取得研究语料真实可靠、计量方法得当、理论权威的实证性研究成果。

3.2.2 汉语语块分类角度

汉语语块的分类角度一直是对外汉语教学界关注的问题，至今对于它的讨论从未停止。汉语语块的分类角度标准不统一，分类标准的合理性还需要进一步探讨，同时有些分类方法中的子类语块是否合理还值得商榷。对于汉语语块分类的局限性，孔令跃（2018）指出，语块在分类上还存在着许多问题，语块分类角度狭窄或成为汉语语块分类的主要问题。目前为止大多数学者对于语块的分类标准主要从以下角度展开。

3.2.2.1 从形式角度出发

从汉语的形式上对汉语语块进行分类是学界最早且较多使用的分类方法，形式上的分类较为直观地展示了汉语语块的分类情况。如贾光茂、杜英（2008）参考Nattinger和De Carricro（1992）的“结构是否可变”的分类标准，将汉语语块分为凝固结构与半凝固结构。凝固结构主要包括结构不变的习语与日常用语，如日常用语、名言警句、诗词名篇、宣传语、广告词、歌词/戏曲词、经典台词、文学作品中的经典名句等固定结构，语义透明度高的多词词组与程式性话语。半固定结构主要包括结构可变的日常用语、未成为成语或和其结构相似的限制性短语与句型框架的“嵌入式结构”。这样单纯地从语块结构形式上对汉语语块进行分类的方法过于简单，角度过于单一，可以说基于结构形式的划分对于汉语语块并不完全适用。

钱旭菁（2008）围绕语言具有习用性的特点对汉语语块展开研究，她认为语言除了具有生成性和创造性之外，语言的习用性也是语言使用过程中重要的特点。并且习用性在二语习得的过程中，可以让学习者的表达更为地道自然，能逐渐接近母语者的水平，且交际效率更高。因此，从语言习用性特征出发的研究更接近第二语言完成交际与掌握交际技能的最终教学目标，而汉语语块的研究验证了这一点。钟旭菁根据语块所属的语法单位，将语块分为词级语块、句级语块以及语篇语块。同时根据词级语块中的构成成分是否能被替换，将词级语块分成组成成分可自由替换、语义透明度低的自由组合语块，组成成分替换受限或完全不能替换的语义透明度高的非自由组合语块。由于自由组合内部语义成分的紧密程度不同，钱旭菁又进一步将自由组合细分为有限组合和凝固组合。同时，进一步认为语块的内部组合成分黏合的紧密程度主要是由语块内部各成分的意义组合决定的。组合成分是否表示核心事项、构成成分的语义是否虚化、组合概念整合程度的高低等因素决定了语块内部成分结合的紧密程度。

钱旭菁的这一划分，使得各层级的语言单位在语块视域下都有了明确的位置，但将语篇语块纳入到语块研究范围，这一点未免过于牵强，这不仅扩大了汉语语块研究的范围，同时也增加了汉语语块分类的难度。而且她并未对语篇语块进行进一步的研究，在对词级语块的研究上涉及较多的仍为习语语块。同时笔者认为语篇语块并不符合作者在前文中对语块的定义，首先语篇语块不满足整体存储于学习者记忆中这一特点。在使用时，学习者整体提取语篇语块是有难度的，因此很难说语篇语块具有语块的预制性与可整体提取的特性。因此，语篇语块能否进入汉语语块的分类研究则需要进一步探讨。

3.2.2.2 形式与意义的关系角度

将汉语语块作为形式-意义相对的典型语言单位进行划分的学者不在少数。相较于仅从语块形式出发的单一划分角度而言，形式-意义的角度使语块划分更加丰富。其中薛小芳、施春宏（2013）对于汉语语块的划分最具代表性。

薛小芳与施春宏（2013）从语言的交际本质出发探讨汉语语块的性质，认为讨论语块的基础和前提是交际。早在20世纪末，Nattinger和De Carricro（1992）从语用的角度出发，讨论了语块的性质，揭示了语块的交际本质，许多学者达成共识。薛小芳与施春宏基于交际本质的同时，将语块置于构式理论框架下探讨，认为汉语语块是一个具有构式特征，但范围较构式小的原型范畴，它的结构预制性、整体存取性特征决定了其基本属性，而这两个特征同样决定了汉语语块具有原型性特征，即语块的形义整合程度的凝固程度，也决定了汉语语块原型性特征程度的不同，即越接近成语则说明语块的原型性程度越高。

从宏观角度来看，这一分类方法有了明显的进步，从形义整合角度去分析语块，且由于外显特征的典型性，大多数语块能够在这一框架下得到相应的分类。但是汉语语块形式类型多样，这一分类标准无法对非典型汉语语块以及一些边缘语块进行合理的划分，同时每一类语块的子语块由于形义整合程度和原型性特征不同，划分还存在较大争议。

3.2.2.3 心理学研究领域下使用者的角度

早期对语块分类的研究大多数采取传统的简单枚举和分类列举的方法，王凤兰（2017）基于语料库的语块分类研究提出了计量统计的新方法。她从语言使用的角度出发，从语块使用的概率入手，对语块使用过程中语块出现的频率和语块的搭配强度进行统计与分析。在自建50万字的语料库的基础上，通过Antconc软件计算多词单位的共现频率，依据英语界对语块词数的界定范围，提取共现频数为3及以上的2～6个单位的汉语词块。将语块从语义标注角度划分为习语类（惯用语、成语、俗语、歇后语），从语法标准角度划分为搭配类（同层结构与跨层结构），从语用标准角度划分为话语标记语、社交客套语。王凤兰的研究对二语教学中选择“高频”语块的教学以及汉语语块的研究有很大参考价值。

3.3 语块的属性

3.3.1 基础属性

预制性是语块的基础属性之一。语块是由连续或不连续的词语或有义元素整体合成的结构化模块，人们会根据说话时的具体语境与对方的表达输出整体化的语块。

整体存取性也是语块的基础属性。语块在人脑进行存储时是以整体为单位的，学习者以实际语言环境的需要来对语块进行相应的组合或变换。汉语没有形态变化，虚词是汉语主要的语法手段，因此由虚词构成的整体结构以及汉语中丰富的固定搭配就形成了数不胜数的汉语语块。

3.3.2 次级属性

中介性是语块的次级属性。语块介于词与句子之间，是由两个或两个以上的语素构成的语言单位，同时，大多数汉语语块是词与句法之间的过渡性单位。语块作为大于词的单位，与词具有相通之处，且关系密切。一个复合词本身就可以是一个小的“语块”，在词的内部，成分最初是松散地结合在一起的，随着使用频率的增加，内部结合的紧密程度提高，最终固定下来就形成了语块。严格来说，语块是由两个不连续的成词语素构成的，因此语块虽然是大于词的单位，但是其内部必须不少于两个语素。

3.3.3 派生属性

动态性是语块的派生属性。由于汉语的语法结构十分丰富，汉语语块的一个显著特征就是动态性。与词相比，语块不够稳定，变动性较大，其特性之一就是语块的构成成分既可因交际需要同现，又可因交际的需要调适，如“海峡两边”和“海峡两岸”。并且汉语中许多语块处于词汇化的动态过程之中，王凤兰（2017）指出一些不在同一语法层面的两个语言单位经常作为相邻成分在句法中排列，经过历时的发展，内部结构不可分析，彻底词汇化，就形成了跨层结构语块。

3.4 语块的作用

3.4.1 有利于学习者的地道表达

依据生成语言学的理论，语言的编码规则在语言的生成中具有极其重要的地位。Bolinger（1975）指出虽然语言的规则可以帮助人们表达，但也不应过分强调语言的规则性，而忽视了语言的交际性功能与习用性原则。事实上，语言的交际更多的是建立在长短不一的词汇成分上，尤其是在人们一些日常表达对于语块的使用中。周健（2007）指出本族语者在自然语言中对语块的大量使用，正是其交际时能够不假思索、流利且措辞准确的原因。Nattinger和De Carricro（1992）指出语言习得和文本输出的计算分析表明，词汇短语（lexical phrase）是语言教学中理想的单位。语块具有整体性与易提取性，兼有语法与词汇的特征，可以作为整体被学习、使用，掌握语块有利于学习者养成正确的语言习惯与语感，形成准确、地道的表达。

3.4.2 有助于学习者减少偏误

在汉语学习的过程中，学习者因为母语负迁移与中介语的使用会致使汉语表达产生大量的偏误。在词汇和语法上，学习者的主要偏误是词汇的错误搭配。在母语负迁移的影响下，学习者通过翻译将词与词串联起来，表达上错误百出。周健（2007）对留学生语块的使用与掌握情况进行了考察，发现在汉语教学过程中，教师只是对词汇的读音、意义、书写与造句方面进行了讲解，但对词语的搭配问题很少提及，总体上语块教学意识并未得到体现。因此，在词汇的搭配使用上，周健指出，不如让学生集中于对语块的操练，强化对语块的学习与记忆，减少偏误的产生。如“改进”与“改善”这两个词在语义上意义相近，但词语的搭配能力有着明显的差异，改善可搭配环境/条件/待遇/关系，改进可搭配标准/工作/作风。像这样的近义词还有很多，学生通过教师的讲解掌握词汇的真正用法。学习者可以通过频繁使用语块来加强对汉语语块的掌握，减少母语负迁移的干扰和偏误的产生的概率。

3.4.3 有助于学习者提高语用水平

学习语言的终级目标是实现交际。语块不仅在使用的过程中可以规避、减少偏误，同时也有利于学习者掌握在什么语境下用什么词汇，使语言更加准确、生动，提升自己的语用水平。如言语交际中，当我们听到别人的赞美时，通常会用“谢谢”来表示感谢，英语中同样也用“Thank you”来表达，但是在具体的语境中，有许多不同的表达方式，如“哪里哪里”“不敢当”“没什么”“不算什么”等等。如果学生掌握了大量语块，依据不同的语言环境就会有不同的判断，能使用不同的语块来交际。

3.5 语块教学法的探索与思考

3.5.1 多种教学法辅助语块学习

关于汉语语块的教学方法，许多学者都阐释了自己的见解。周健（2007）讨论了语块在二语学习与汉语教学中重要的价值，他认为语块的教学可以帮助学习者产出规范和地道的汉语表达，也有利于培养语感、提高语用水平。他也指出应当从培养语块意识入手，将语块训练法贯穿于教学之中，并举例说明了语块在语法、口语和书面语教学中的应用。亓文香（2008）倡导运用“语块教学法”，提出了在教学中实施的基本思路。她认为所谓的语块教学法，就是教师在教学过程中，运用语块理论，对汉语中一些固定词语、固定组合和固定用法等语块加大教学力度，让学生掌握其语法、语境和语篇意义，然后对语块进行反复教授和练习，充分调用学习者已有的语言知识和认知能力，把词汇学习和语法学习结合起来，从而提高学习者语言综合运用能力的一种教学方法。而我们建议语块的教学不应脱离汉语教学的一般方法。汉语作为第二语言的教学认为语言是“语法化的词汇，而不是词汇化的语法”，也不应该将语法和词隔离开来。赵金铭（2010）指出，在二语教学界一直存在着以形式和意义为中心的两种不同的观点，以形式为中心的汉语教学更多以语言结构的教学为主，而以意义为中心的汉语教学则注重语言的交际，以语言功能教学为主。赵金铭在提及词汇教学的一般策略与方法时也指出，应当加强对固定词汇的学习与教学力度，并总结归纳了演绎法、归纳法和句型法三种方式。在实际的教学环节中，汉语语块的教学应综合多种教法，在不偏离语言交际性原则的前提下，以词汇教学为核心，立足于对语块的使用，避免教授过多理论。汉语教师应该结合“演绎法”与“归纳法”并利用“句型法”进行讲授，同时加上语块操练，提高学生对语块的认识。

3.5.2 注重学生语块的习得与输出

崔希亮（2010）指出，教师是教学活动的灵魂，既是教学活动的设计者，又是教学活动的实施者。课堂教学是学生学习和掌握汉语的重要途径，对于汉语语块的学习，靳洪刚（2011）讨论了现代语言教学中教师应该熟悉掌握的十大原则。其中，原则五是“利用人类信息记忆及处理规律，进行组块教学”。他认为在教学和学习过程中应先了解语言的句式（pattern）及程式（routine），再进行词汇、句法、篇章组块的教学，同时也鼓励学习者使用语块策略来进行学习。

3.5.2.1 教师应主动渗透语块概念

与高级阶段的学习者不同，初级水平的汉语学习者没有语块学习的概念，更无法分辨语块，因此我们认为在进行初级词汇教学时，教师应向学习者主动渗透语块的概念。在教师教授新词语的过程中，可以通过对内容的讲解将“语块”的概念渗入，但应避免大量理论知识的讲解。如在讲解新词“爱护”时，可以有意识地加入词语搭配的内容，在适当语境下，向学习者讲授“爱护环境”“爱护公物”“爱护花草”等高频搭配类语块。同时，通过语块的前置词或后置词的搭配，向学习者传达展示自己对于“爱护”不同语块类型的提取，帮助学生理解语块的概念。

3.5.2.2 注重学生输出的完整性

在动宾结构、状中结构、定中结构、主谓结构等词语搭配类语块的使用时，学习者在词汇搭配上的偏误是非常多的，主要是由于学生没有语块意识，不了解词语的组合，总是习惯于孤立地记忆单个动词，未能在整体上对动词构筑的语块进行记忆、提取与运用。根据Sinclair（1991）与Skehhan（1991）的观点，语言是一个以语法为基础的分析系统，同时也是一个以记忆为基础的公式化系统。亓文香（2008）也认为对于语言系统进行分析，并通过记忆和生成来掌握语言要素符合人类认知语言的规律。因此教师应该培养学生以语块形式输出的能力，完整识记语块内容，减少学生词语搭配的偏误问题；同时将不同类型的词级语块教学贯穿于实际语境中，帮助学习者产出完整、规范和地道的汉语语块表达。

3.5.2.3 反复练习培养语感

语言的学习和内化是需要时间来完成的。母语学习者之所以在使用语块时可以做到流利、准确，是因为大脑记忆系统中储存着大量的语块。二语学习者想要接近母语者的水平则需要大量的积累与练习。房艳霞（2018）为期16周的教学实验充分证明了语块的练习与积累能提高学生口语的流利度。笔者统计的关于语块习得与教学的相关问题调查的问卷结果显示，53%的教师表示培养语感对语块的习得非常重要。因此，在教学过程中，反复练习可以帮助学生记忆、积累大量的语块，提高其表达能力，充分培养学习者汉语语感，提高其交际能力。

第 4 章　《博雅汉语》《美洲华语》词汇计量及对策研究

4.1 关于《博雅汉语》与《美洲华语》的研究

本章主要将现代教育技术（如 Python、Excel 和语料库等）与计量分析相结合，对《博雅汉语》准中级加速篇 I、II 和《美洲华语》第八册进行科学的数据整理和分析。

4.1.1 《博雅汉语》研究现状

自2007年国务院学位委员会办公室批准首批25所高校开设汉语国际教育硕士专业学位以来，研究《博雅汉语》系列教材的硕士论文迅速增长，对推动教材改编和使用提供了很大帮助。在中国知网搜索“博雅汉语”，可以查到自2002年7月至2021年3月的相关论文651篇，其中期刊论文36篇，会议论文17篇，博硕论文549篇，其他论文49篇。其中对教材词汇研究的论文不乏其数，例如，耿直（2017）考察《博雅汉语》中词汇重现率的方法问题，指出重现率并非影响词汇习得的唯一因素，建议教材的编写在重视词汇重现率的同时，还要提高词汇的积极加工水平。吕同锁（2019）根据《博雅汉语》初中级教材中词汇的特点，提出教材编写中词汇处理的建议。武容强（2020）对口语教材中的词汇进行分析，发现其在选编方面存在的问题，并为其修订再版提供依据。

4.1.2 《美洲华语》研究现状

《美洲华语》作为美国的汉语本土教材，是全美中文学校联合总会教育研究发展委员会出版发行的中文教科书，是在美国使用较为广泛的教材。但国内对其研究较少，可以查到的相关文章只有5篇，其中期刊论文1篇，其他均为博硕论文。孟祥磊（2011）对《美洲华语》的本土化进行研究，有助于中文教材编写原则及理论的发展，对于中文教育的推广有重要意义。李金鹏（2012）研究教材主课文和补充阅读中出现的知识文化项目，并对其进行统计分析，最后结合数据给出完善意见。吴海玲（2016）以《美洲华语》前5册为研究对象，分析其“句子练习”部分的语法点编排。沈汉屏（2017）立足于本土化的视角对《中文》和《美洲华语》课文主题进行对比分析。于彤（2018）将《美洲华语》与《快乐汉语》练习部分进行对比研究，总结其特点，最后对国别化教材提出修改意见。

4.2 研究目的与意义

4.2.1 研究目的

从对国别化教材的研究需要出发，以国别教材编写评价指标为依据，分析教材的优劣和达成度，并研究特定的海外汉语教材与本土教材在生词、全部词汇、非常用词、难词比等方面的差异。最后，根据教材评估理论，进一步明确中美教材特点与差异。研究目标具体分为以下几个方面。

用现代教育技术手段计算出论文所需数据，如词频、词汇重现率，《博雅汉语》与《新汉语水平考试大纲》HSK5级词汇对比，《博雅汉语》与《美洲华语》重叠词汇分析，词汇重现率对比，课文非常用词对比，难词比对比。得出数据后，结合理论对语料进行对比分析，总结各教材的特点。

4.2.2 研究意义

4.2.2.1 促进中美文化交流

从研究现状来看，关于海外教材《美洲华语》的研究较少，但根据实际教学经验，《美洲华语》第八册的确存在诸多问题，急需改进；成熟的汉语教材《博雅汉语》也存在问题。通过严谨科学的分析，不仅可以对教材本身进行改进，同时也能提高教学工作的效率，有利于提高海外汉语学习者的学习兴趣，促进中美文化交流。

4.2.2.2 研究方法值得借鉴

计量分析的方法便捷、新颖且得出的数据准确客观，用该方法结合现代教育技术，为教材分析领域提供参考思路，提高对外汉语教材质量，促进对外汉语教材研究事业蓬勃发展。

4.2.2.3 促进教材研究事业发展

教材评估事业起步晚，目前还没有成熟的对外汉语教材评估标准，本章可为对外汉语教材评估提供数据参考，根据文中数据设定针对中级对外汉语教材的评估标准，推进教材评估事业发展。

4.3 词汇对比

大部分汉语学习者学习汉语的主要目的是与中国人进行言语交际，继而进行文化上的交流。词汇教学直接影响留学生的汉语整体水平，掌握词汇又是语言学习的基础，因此，对教材中词的分布及变化的计量研究至关重要。本章将教材中的词分为生词与全部词两种类型分别进行计量分析，总结各教材中词的分布与使用特点。

4.3.1 生词对比

本章“生词”是指《博雅汉语》准中级加速篇Ⅰ、Ⅱ和《美洲华语》第八册生词表列出的词。

4.3.1.1 生词统计

为总结两种教材生词的特点，笔者收集生词出现的次数与频率，结果如表4-1所示。

表 4-1　两教材生词统计表

	《博雅汉语》生词出现次数	《博雅汉语》生词出现频率	《美洲华语》生词出现次数	《美洲华语》生词出现频率
观测数	1 211	—	138	—
平均	10.484 93	0.063 578	2.620 37	0.057 582
标准差	242.976 8	1.472 979	7.297 851	0.160 318
众数	1	0.006 1	1	0.022
中位数	2	0.012 1	1	0.022
最大值	99	0.600 1	12	0.263 6
最小值	1	0.006 1	1	0.022

由表4-1可知，《博雅汉语》生词观测数为1 211，即《博雅汉语》中级教材中共出现了1 211个生词，而《美洲华语》则出现了138个生词。《博雅汉语》生词观测数大约是《美洲华语》的10倍，《博雅汉语》对拓展学生生词量更有帮助。《博雅汉语》中平均每个生词出现10次（取小数点后一位），《美洲华语》中平均每个生词仅出现3次。从生词标准差看，《博雅汉语》远高于《美洲华语》，说明《博雅汉语》生词的出现频率更加稳定。众数结果表明，两种教材大多数生词只出现一次。从中位数上看，《博雅汉语》的生词出现次数中位数是2，《美洲华语》则为1。《博雅汉语》的最大值生词是“就”，出现了99次，《美洲华语》的最大值生词是“牛仔裤”，出现了12次。

4.3.1.2 生词量变化对比

为了总结两种教材每课生词量的变化规律，我们对两种教材的每课生词量变化进行研究。两教材生词量变化如图4-1、图4-2所示。

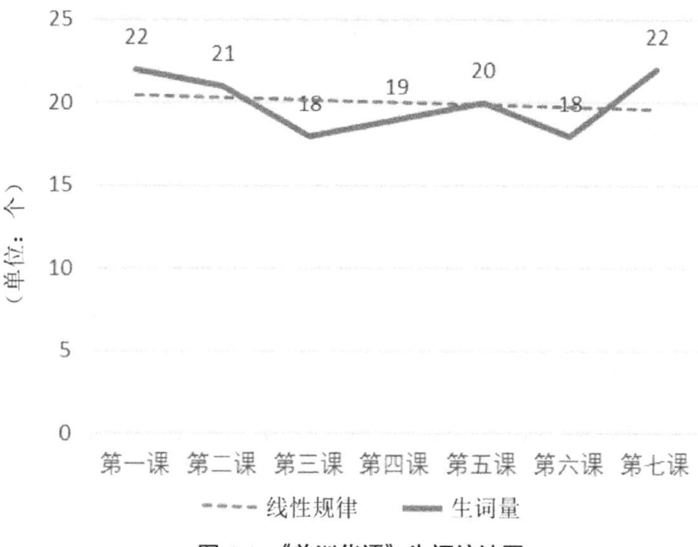

图 4-1 《美洲华语》生词统计图

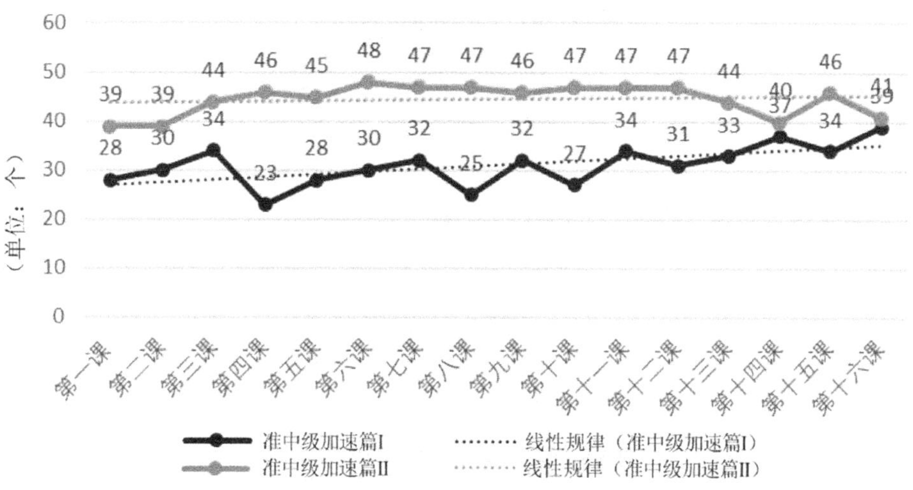

图 4-2 《博雅汉语》生词统计图

图4-1为《美洲华语》每课生词数量统计结果，由图4-1可知，《美洲华语》每课生词数量变化不大，曲线平稳，线性规律呈略微下降状态。由此说明，随着学习的推进，每课生词量在逐渐减少，课程开始时要掌握的生词较多，后期生词变少，但总体来看，每课生词在20个左右，其中第一课和第七课生词最多，每课22个生词，第三课和第六课生词最少，每课18个生词。

图4-2为《博雅汉语》每课生词数量统计结果。由图4-2可知，《博雅汉语》分为两册统计，准中级加速篇Ⅰ的线性规律呈明显上升趋势，随着课文的增加，需要掌握的生词也在不断增加；准中级加速篇Ⅱ线性规律趋于平稳，每册每课出现生词平均值分别为44个、31个，两册平均值为每课出现37个生词。两册的线性规律呈上升趋势说明教材遵循语言学习循序渐进的客观规律。

结合图4-1和图4-2，对两种教材做对比，海外教材《美洲华语》的每课生词数量较少，且变化不大。本土教材《博雅汉语》更加注重教材的科学性，生词数量多，且有变化规律。

4.3.1.3 生词复现对比

生词复现是记忆生词最有效的方法，为探究两教材生词复现情况，我们对两教材生词复现进行整理，结果见图4-3、图4-4。

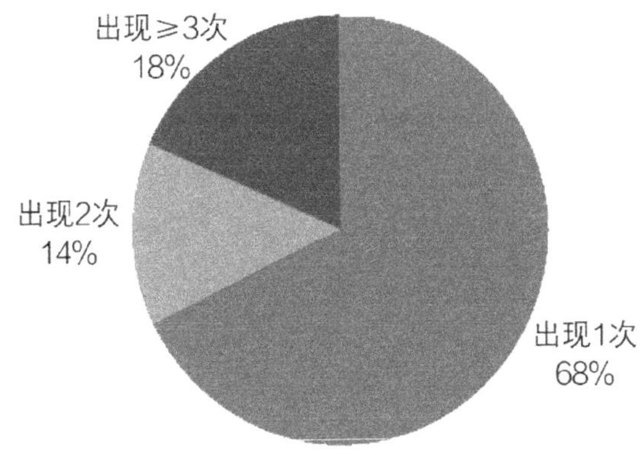

图4-3 《美洲华语》生词复现统计图

如图4-3所示，《美洲华语》教材课文中出现1次的生词占68%，出现2次的生词占14%，出现3次以上的生词仅占18%，这对于汉语学习者的词汇长时记忆是非常不利的。掌握生词，是语言学习的基础，词汇掌握的熟悉程度直接影响学生的语言交际能力。

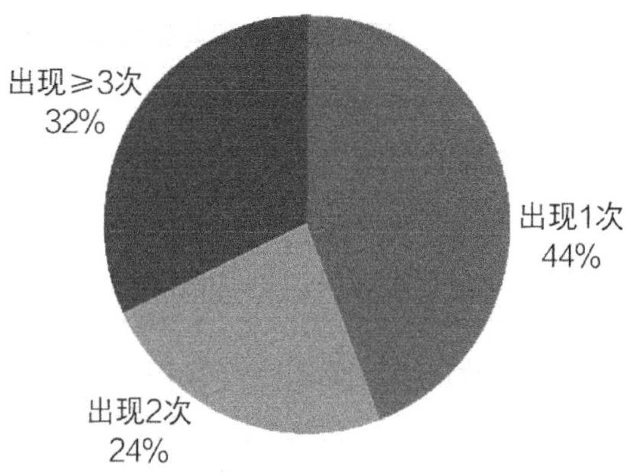

图 4-4 《博雅汉语》生词复现统计图

本土教材《博雅汉语》在生词复现上突出了科学性，仅出现1次的生词占44%，出现2次的生词占24%，出现3次以上的生词占32%，分布较为均衡。通过对比发现两教材生词复现情况差别较大。

4.3.1.4 重叠生词统计

由于两种教材的适用范围不同，所处社会背景不同，教材中生词的特点也不同，两套中级教材重叠的生词仅有14个，分别为“耐心、值、新鲜、国际、庙、巧克力、启发、铺、挖、毕业、与、游戏、交通、尽管”。

4.3.1.5 生词表与 HSK 五级词汇大纲对比

作为一个国际性的汉语考试，汉语水平考试（HSK）在汉语国际推广进程中发挥了重要的作用。HSK词汇大纲是考察教材词汇的重要依据。HSK五级考查考生的汉语应用能力，它对应《国际汉语能力标准》五级、《欧洲语言共同参考框架（CEF）》C1级。通过HSK五级的考生可以阅读汉语报刊杂志，欣赏汉语影视节目，用汉语进行较为完整的演讲。考试对象主要面向按每周2～3课时进度学习汉语两年以上、掌握2 500个常用词语的考生。表4-2是两部教材生词与HSK五级词汇大纲的对比。

表 4-2　生词表与 HSK5 级词汇大纲对比表

	《博雅汉语》		《美洲华语》	
	个数	占比	个数	占比
全部生词	1 211	100%	139	100%
超纲词	477	39%	40	29%
达纲词	734	61%	99	71%

由表4-2可知，《博雅汉语》覆盖率仅为61%，而海外教材《美洲华语》覆盖率为71%；《博雅汉语》中生词超纲词比例占总数39%，《美洲华语》超纲词比例为29%。《高等学校外国留学生汉语教学大纲（长期进修）》设置等级结构曾是教材编写和选用的重要参考，其中规定，中等水平词汇达纲率需在80%以上，而两套教材均未达到要求，都需做出一定的调整，使生词达纲率符合要求。

4.3.2 全部词对比

笔者对以上两套教材中全部课文语料进行数字化处理，然后根据在线语料库中分词处理标准，对所有语料进行分词处理，并辅之于人工校对，进而开展全部词对比。

4.3.2.1 《博雅汉语》与《美洲华语》全部词对比

为总结两种教材词出现的次数与频率特点，我们对两种教材语料进行分词并筛选有效数据，结果如表4-3和表4-4所示。

表 4-3　《美洲华语》词统计表

	《美洲华语》词语出现次数	《美洲华语》词语现频率
观测数	2 004	—
求和	4 551	100.008
平均	2.270 958	0.049 904
方差	43.135 23	0.020 816
标准差	6.566 103	0.144 243
众数	1	0.022
中位数	3	0.022
最大值	237	5.206 5
最小值	1	0.022

由表4-3可知，《美洲华语》共出现了2 004个词语。“求和”即教材用词总数，《美洲华语》共4 551个词语，平均每个词语仅出现2次。数据变化的方差为43.14（取小数点后两位），最大值为237，即一个词语最多出现了237次。

表 4-4 《博雅汉语》词统计表

	《博雅汉语》词语出现次数	《博雅汉语》词语出现频率
观测数	3 098	—
求和	24 418	99.917
平均	7.881 83	0.047 796
方差	403.034 5	0.014 579
标准差	20.073 12	0.120 728
众数	1	0.006
中位数	1	0.006
最大值	1 041	6.309 9
最小值	1	0.006

由表4-4可知，《博雅汉语》共出现了3 098个词语。“求和”即教材用词总数，《博雅汉语》共24 418个词语，平均每个词语仅出现8次。数据变化的方差为403.03（取小数点后两位），最大值为1 041，即一个词语最多出现了1 041次。

对比表4-3和表4-4可知，《博雅汉语》词观测数约为《美洲华语》的2倍，《博雅汉语》对拓展学生词量更有帮助。关于用词总数，《博雅汉语》共24 418个词语，《美洲华语》共4 551个词语，前者是后者5倍之多。《博雅汉语》平均每个词语出现次数为8次，而《美洲华语》为2次。相比之下《博雅汉语》更加注重词的多样性和词复现率。

词可以按照实际发音的元音数量，分为单音节词、双音节词和多音节词，表4-5、4-6、4-7为两种教材中各音节词使用情况。

表 4-5 《博雅汉语》中各音节词统计表

序号	单音节	出现次数	双音节	出现次数	三音节	出现次数
1	的	1041	自己	78	为什么	44
2	了	357	一个	90	越来越	20
3	我	371	喜欢	76	孙中山	13
4	是	176	中国	74	武则天	19
5	不	150	时候	53	中国人	13
6	和	143	以后	53	感兴趣	7
7	人	139	孩子	55	是不是	7
8	都	126	我们	64	小朋友	7
9	在	175	国家	38	一会儿	7
10	一	128	礼物	39	实际上	7

由表4-5可知，《博雅汉语》中单音节词出现频率最高，其次是双音节词，最后是三音节词（三音节以上的词语以及数字，英文字母均不在统计范围之内）。单音节出现最多的词为“的”，出现次数为1 041次。双音节和三音节词多为名词。关于英文单词《博雅汉语》中仅出现一个英文单词：E-mail。

表 4-6 《美洲华语》中各音节词统计表

序号	单音节	出现次数	双音节	出现次数	三音节	出现次数
1	的	237	大家	19	牛仔裤	12
2	了	83	然后	15	中国人	4
3	是	66	翻译	15	纪晓岚	3
4	在	58	老师	14	清明节	3
5	说	50	妈祖	14	暴风雨	3
6	一	39	铁路	14	织女星	3
7	和	35	华工	13	旧金山	2
8	就	34	他们	12	流星雨	2
9	人	26	就是	12	为什么	2
10	很	25	一个	12	公元前	2

由表4-6可知，《美洲华语》中单音节词出现频率最高，其次是双音节词，最后是三音节词。单音节词出现最多的汉字也是“的”，出现次数为237次。

双音节和三音节词也多为名词。值得注意的是，据统计《美洲华语》中共出现77个英文单词，而博雅汉语中仅出现E-mail一个英文单词。作为海外教材，《美洲华语》使用英文单词更多，更加注重两种语言与文化的交流，但过多在课文中出现外语单词，不利于学生掌握目的语，且大部分外语单词是人名、品牌名，完全可以进行翻译。

为了总结两种教材全部词汇中各音节词出现的个数与占比情况，我们制作了表4-7，分析结果如下。

表 4-7　两教材各音节词统计表

	《博雅汉语》		《美洲华语》	
	个数	占比	个数	占比
单音节词	607	20%	533	27%
双音节词	2 093	67%	1 222	61%
其他	398	13%	249	12%

如表4-7所示，《博雅汉语》中单音节词共出现607个，占总数20%；双音节词2 093个，占总数67%；其他词（包括2个音节以上的词、数字、英文字母、英文单词）398个，占总数的13%。《美洲华语》中单音节词累计出现533个，占总数27%；双音节词1 222个，占总数61%；其他词249个，占总数12%。结合教材使用情况可知，两种教材均重视双音节词的使用，占比均为最高。本土教材《博雅汉语》使用双音节词更多，总数是《美洲华语》的近2倍。

4.3.2.2 全部词与 HSK 五级词汇大纲对比

将新汉语水平考试大纲HSK五级词与教材中全部词覆盖率进行对比，结果见表4-8。

表 4-8　全部词与 HSK5 级词大纲对比表

	《博雅汉语》		《美洲华语》	
	个数	占比	个数	占比
全部词	3 098	100%	1 764	100%
超纲词	1 522	49%	685	39%
达纲词	1 576	51%	1 079	61%

由两种教材的全部词与《新汉语水平考试大纲》HSK（五级）词比较结果可知，《博雅汉语》达纲词占比仅为51%，而作为海外教材的《美洲华语》为61%；《博雅汉语》超纲词比例为49%，《美洲华语》超纲词比例为39%。《博雅汉语》超纲词比例高于《美洲华语》，说明《博雅汉语》词难度比《美洲华语》大。

4.3.2.3 全部词复现对比

为总结教材全部词复现规律，我们根据词复现次数，将词分为零复现词（教材中出现1次的词）、低复现词（出现2次的词）和高复现词（出现3次及以上的词）进行统计，结果见图4-5、图4-6。

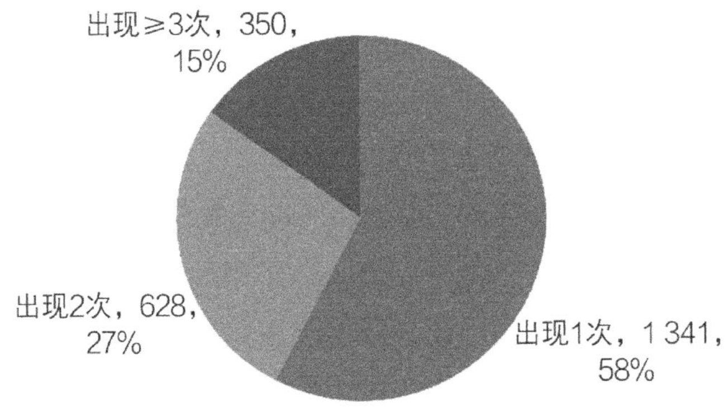

图 4-5 《美洲华语》全部词复现统计图

如图4-5所示，《美洲华语》中，零复现词共1 341个，占总数的58%；低复现词共628个，占总数的15%；高复现词共350个，占总数27%。总体而言，词的高复现率较低对学生学习和巩固词是非常不利的。

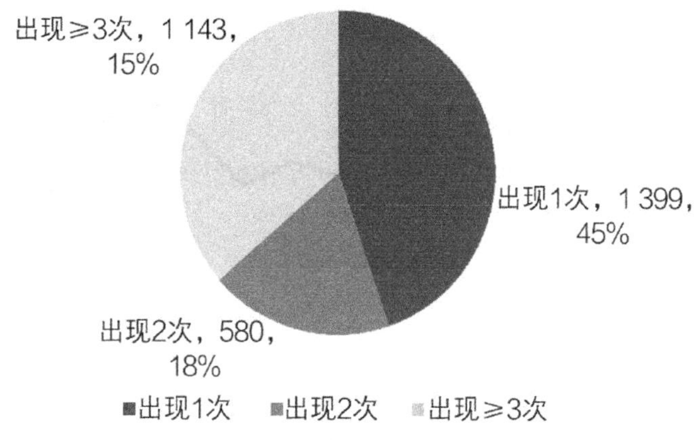

图 4-6 《博雅汉语》全部词复现统计图

由图4-6可知，《博雅汉语》中，零复现词共1 399个，占总数的45%；低复现词共580个，占总数的18%；高复现词共1 143个，占总数37%。结合图4-5和图4-6可知，相比之下，作为本土教材的《博雅汉语》在词复现上更具科学性，高复现词占比要比海外教材《美洲华语》多出10个百分点，而零复现词却少了13个百分点。

语言学家刘珣（1994）曾说过，"一般来说，新词需要出现6到8次，才能初步掌握"。新词重现的主要途径就是在课文中重现，应注重教学中新词的科学复现。根据统计结果，《博雅汉语》中出现6次以上的词共495个，平均每册250个左右，而《美洲华语》中仅有122个。学生可以通过词语复现而初步掌握的生词数量，本土教材《博雅汉语》远高于海外教材《美洲华语》。

4.3.3 课文中的非常用词

课文中非常用词的使用率以及占多少比对课文难度有重要影响，研究课文中非常用词可为课文难度研究提供数据。

4.3.3.1 非常用词数对比

我们对课文中非常用词（即非甲级词和非乙级词的词）出现个数与难词占比进行分析，统计图如图4-7所示。

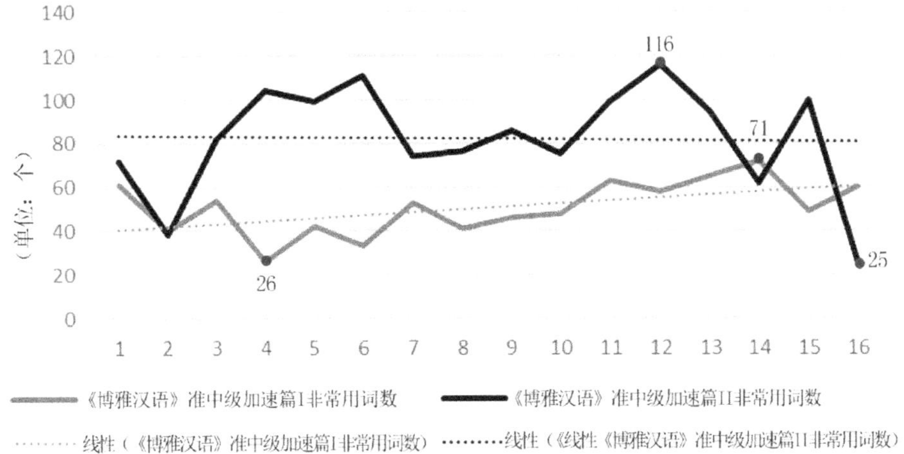

图 4-7 《博雅汉语》非常用词数统计图

如图4-7所示，《博雅汉语》准中级加速篇I课文中的非常用词数明显低于《博雅汉语》准中级加速篇II，经统计《博雅汉语》准中级加速篇I非常用词数最多的是第十四课，共出现100个，最少的是第四课，仅出现26个，而《博雅汉语》准中级加速篇II中非常用词数最多的是第十二课，出现116个词，最少是第十六课，出现25个非常用词。《博雅汉语I》平均每课出现13个（结果取整数）非常用词而《博雅汉语》准中级加速篇II平均每课出现25个，这与课文总词数呈正相关。由上图可知，与总词数统计图趋势线结果相反，《博雅汉语》准中级加速篇I每课出现非常用词数呈增长趋势，但《博雅汉语》准中级加速篇II则呈略微下降趋势。

《美洲华语》非常用词数统计见图4-8。

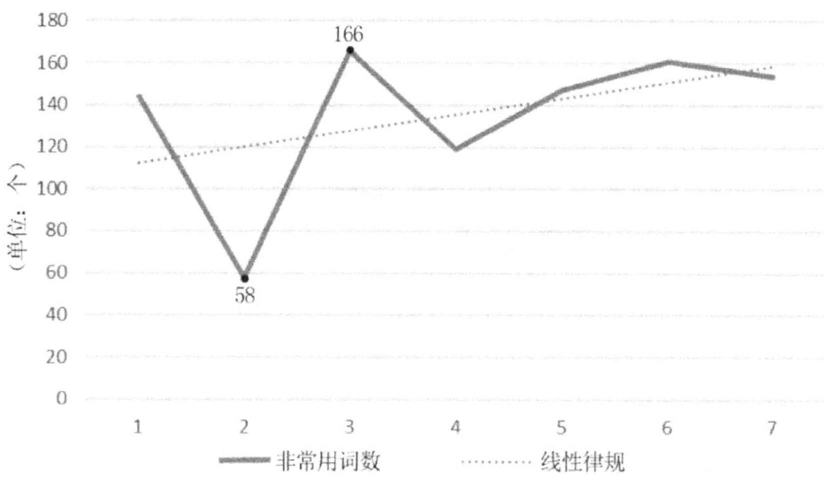

图 4-8 《美洲华语》非常用词数统计图

由图4-8可知，《美洲华语》课文中非常用词数平均值介于《博雅汉语》准中级加速篇I、《博雅汉语》准中级加速篇II之间，第二课非常用词最少，出现58个非常用词，最多出现在第三课，共166个非常用词，最大值与最小值相差较大。通过计算，从方差上看，《博雅汉语》准中级加速篇I的非常用词数方差为13.08（小数点后取两位），《博雅汉语》准中级加速篇II的方差为25.57，而《美洲华语》总词数变化方差则为37.43，此结果说明《美洲华语》的非常用词数据不稳定。下面我们具体分析两教材课文中的难词比。

4.3.3.2 课文难词占比变化对比

我们先看《博雅汉语》的难词占比，如图 4-9 所示，《博雅汉语》准中级加速篇 I 课文中的难词比低于《博雅汉语》准中级加速篇 II，经统计《博雅汉语》准中级加速篇 I 课文难词比最大的是第十一课，难词比为 25.44%，最小的是第六课，仅为 7.32%。《博雅汉语》准中级加速篇 II 中难词比最大的是第十三课，18.4%，最少是第十六课，难词比为 4.33%，同时，《博雅汉语》准中级加速篇 II 最后一课难词比也是整套准中级教材中难词比最低的一课。《博雅汉语》准中级加速篇 I 难词比平均值为 12.52%，而《博雅汉语》准中级加速篇 II 平均难词比为 13.63%，呈上升趋势。难词比与总词数统计图趋势线结果相反，但与非常用词出现个数呈正相关，《博雅汉语》准中级加速篇 I 的难词比呈增长趋势，但《博雅汉语》准中级加速篇 II 则呈下降趋势。

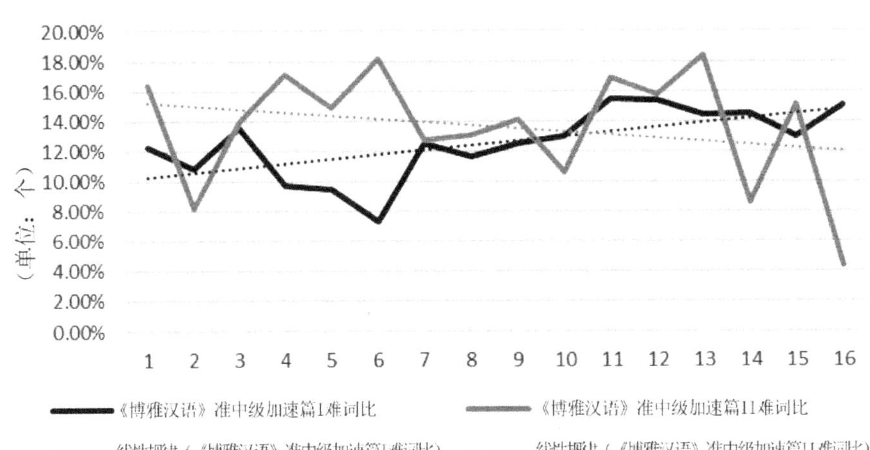

图 4-9 《博雅汉语》难词比统计图

由图4-10可知，《美洲华语》第二课非常用词最少，出现了58个，最多是在第六课，难词比为27.2%，最大值与最小值相差较大，从方差上看，《博雅汉语》准中级加速篇I难词比方差为0.02（小数点后取两位）《博雅汉语》准中级加速篇II的方差为0.04，而《美洲华语》总词数变化方差则为0.06，此结果说明《美洲华语》的难词比变化不稳定。

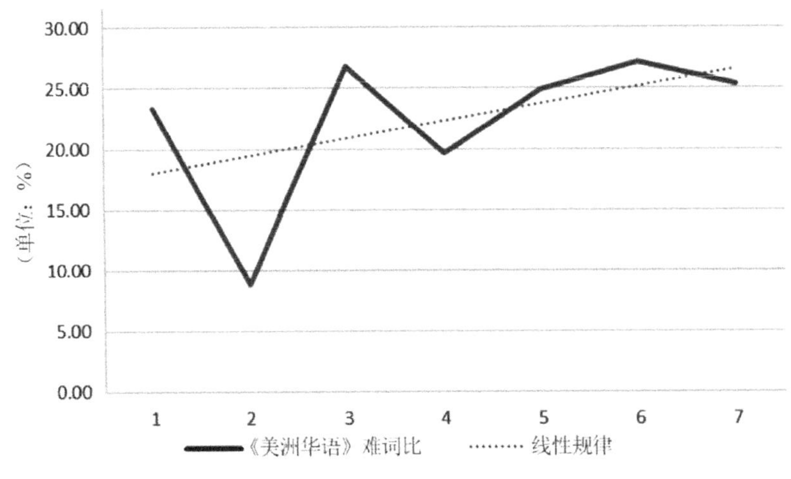

图 4-10 《美洲华语》难词比统计图

4.3.4 本节小结

对本土教材与海外教材的生词进行研究，《美洲华语》每课生词基本固定，且呈略微减少趋势，而《博雅汉语》则循序渐进，《博雅汉语》准中级加速篇I和第《博雅汉语》准中级加速篇II均有增长趋势。徐子亮教授（2000）指出："每堂课的词量只是一个变数，不能简单地把它作为常数而主观硬性地固定下来。"所以每课生词量要有变化，这一点《博雅汉语》胜于《美洲华语》。关于生词量，《博雅汉语》平均每课出现37个生词，而《美洲华语》平均每课出现20个生词。《美洲华语》授课模式与国内授课模式不同，每课分4个课时完成，每个课时学习6个生词，就笔者教授《美洲华语》经验而言，教材中生词学习量过少。在复现率方面，本土教材展露出优势，高复现生词比《美洲华语》要高出10个百分点。

由于是国别化教材研究，教材生词的选取差异较大，美国教材的生词多与美国社会相关，如第四课出现"奥巴马""德州"等生词。教学的目的是使中文变成一种技能而非生存或适应在中国的生活。而本土教材的生词也与中国社会息息相关。不同国家的汉语教材，反映出不同地区汉语学习者的需求。但作为海外教材的《美洲华语》生词不够规范，词语概念不够明确，这是《美洲华语》需要改进的地方之一。

关于全部词的对比研究，我们发现与常用字相同，本土教材同样重视词的复现，《博雅汉语》中的高复现词远多于《美洲华语》。与海外教材相比，本土教材更容易让学生进行无意识记忆，掌握更多词语。而《美洲华语》更倾向于通过对生词解释，使学生完成课文阅读，且因社会背景不同，教材中的词语也有很大差别，但从英文单词的出现率看，海外教材远高于本土教材，英文单词多为与课文内容相关的人名、地名，便于学生理解课文内容，更易于与当地的语言文化相结合，这也是美国本土化汉语教材的突出特点之一。

关于非常用词及难词比的对比研究，在课文非常用词数方面，《博雅汉语》准中级加速篇I课文中的非常用词数明显低于《博雅汉语》准中级加速篇II，《博雅汉语》教材中难词出现个数随课程进行而增加，相对合理，虽然第一册第四课仅有26个非常用词，但其课文难度仍然远高于其他课文。除此之外，《博雅汉语》准中级加速篇I每课出现非常用词数呈增长趋势，但《博雅汉语》准中级加速篇II则呈略微下降趋势。《美洲华语》非常用词数平均值介于《博雅汉语》两册之间，《美洲华语》的非常用词数据不稳定。我们又对课文难词比进行了简单分析，《博雅汉语》两册难同比都呈递增趋势，《美洲华语》课文难词比也呈递增趋势，但《博雅汉语》第一册难词比平均值为12.52%，第二册为13.63%，《美洲华语》难词比平均值为22.32%。通过对教材内容分析发现，海外教材在编排过程中，不注重国内甲级词、乙级词的使用频率，才会使难词比高于国内教材一倍。比起本土教材《博雅汉语》，海外教材《美洲华语》难词出现数量多，变化大，不稳定，且难词比也高出《博雅汉语》许多。

4.4 完善意见

《对外汉语教材研究》提到一本优秀教材具有如下特征：在语言方面需要做到每课生词适当，重现率充分；句子长度适度；课文篇幅适中；课文与会话语言真实、自然；口语与书面语关系处理得当；是真正的普通话口语；所设语境自然化、情景化。根据以上要求，我们给出完善意见。

4.4.1 《博雅汉语》完善意见

在生词分布方面，《博雅汉语》平均每课出现37个生词，平均每个生词出现10次；在词汇安排方面，《博雅汉语》重视复现率，但与HSK5级词汇大纲对比，仍不达标。总体而言，在字词数量及重现率方面《博雅汉语》完成很好。根据以上总结，《博雅汉语》主要存在一个问题，即整体课文中非常用词数量过多。平均难度偏难，超出中级教材难度水平，可适当减少非常用词使用量，使难度系数下降到中级教材水平。

4.4.2 《美洲华语》完善意见

在生词分布方面，《美洲华语》平均每课出现20个生词，但平均每个生词仅出现3次；词汇方面，《美洲华语》与HSK5级词汇大纲对比不达标，且生词不够规范，存在词组，课文中也存在大量英语单词。总体而言，《美洲华语》在字词复现率上出现明显弊端，词汇量大，复现率低，包括课文中出现的非常用词数也远超于《博雅汉语》，难词比是《博雅汉语》的2倍。根据以上总结，《美洲华语》主要存在以下3个问题，并提出相应优化路径。

4.4.2.1 字词复现率不够

《美洲华语》最大的问题就是复现率远低于教材评估要求，无论是生词还是课文中出现的词汇，词汇复现都是有效提高学生无意识记忆的关键，而《美洲华语》生词平均复现率仅为3次，说明大部分生词只能靠学生机械记忆，非常不利于提高学习者的学习效率。建议提高课文之间关联度，使用重复词语描述课文，从而达到提高生词及词汇复现率的目的。

4.4.2.2 每课生词过少

《美洲华语》教材中生词数量基本固定在20个左右，且一课教学内容需要3～4个课时完成，平均每个课时学生仅需学会7个生词，与学生汉语水平不成正比。这种情况的出现与教材词汇复现率相关，复现率低只能靠减少生词来平衡，建议提高教材词汇复现率，并适当增加生词。

4.4.2.3 整体课文难度系数略高（非常用词过多）

总体而言，《美洲华语》平均难度系数达到37.29，偏难，超出中级教材难度水平，甚至超过同水平的《博雅汉语》，造成这一结果主要是因为《美洲华语》中的非常用词使用过多。建议海外教材在编排时也要参考《汉语水平词汇与汉字难度等级大纲》，与国内大纲和评估标准有效衔接。可适当减少非常用词使用量，增加单篇课文篇幅，使教材难度系数下降到中级教材水平。

4.5 相关探索与思考

第一，《博雅汉语》作为本土教材，重视字词复现，重视语料编排的循序渐进，但内容缺乏趣味性；《美洲华语》作为海外教材重视语言与文化的交流，但忽视字词重现率，与国内官方字表脱轨，为满足留学生来华学习的需要和汉语技能水平的提高，应该加强与中国文化的衔接。

第二，本书提出了《博雅汉语》准中级加速篇I、II存在的问题，如整体课文中非常用词数量过多。

第三，本书提出了《美洲华语》第八册存在的问题，如字词复现率不够，每课生词过少；整体课文难度系数略高（非常用词过多），并提出相应修改建议。

第四，本书为美国当地中文学校教材评估、改进教材提供了参考数据与分析思路。本章研究方法适用于所有美国地区华人社区使用的海外教材词汇研究，得出数据后可参考中国大陆地区教材词汇评估标准判断教材是否适合海外教学。

总体而言，本章研究的两种教材都存在一定程度的不足，但相对于较为成熟的本土教材《博雅汉语》，海外教材《美洲华语》的确存在更大的改进空间。希望本章的研究结论和使用的方法可以为更多对外汉语研究者提供参考，提出的建议有益于编排优秀的对外汉语教材。

第 5 章　双音节复合词词汇化研究成果在汉语二语词汇教学中的运用

5.1 引言

词汇是国际汉语教学的重要内容，词汇教学是国际汉语教学的核心。时至今日，汉语词汇本体的研究已较为成熟，既有对用法、释义、结构等多方面的描写、解释与归纳，又有共时、历时等多层面的追溯与探讨。这些多角度的研究成果，为汉语作为第二语言的词汇教学提供了丰富的“基础养料”。以董秀芳为主提出的词汇化理论较好地阐释了占现代汉语词汇主体的双音节复合词的来源和发展过程，表明我们对汉语词汇的认识更为深入，对词汇结构、含义及用法的描写与解释更为科学。

在实际课堂上，学生会提出如“车辆、花朵、房间”等双音节复合词为什么没有遵循“数・量・名”的汉语语法顺序；如何区分“旅游”和“旅行”；为什么“肉松”而非“松肉”，“饼干”而非“干饼”，“面条”而非“条面”；为什么是“马上”而非“猪上”或“羊上”等问题。诸如此类，都是在历时词汇化的影响下造成词汇在共时层面上的差异。汉语延续数千年，其词汇有自身发展的特殊性和构成规律。国际汉语教师大多数是将汉语作为母语的使用者，但并不都能对汉语词汇做到知其所以然，而将汉语作为目的语的学习者在学习过程中难免会对汉语词汇的发展脉络，以及相同结构词汇的形成机制产生好奇和疑惑。同时，目前通行的各种汉语教材在讲构词法时也主要列举双音节复合词的例子以说明不同的构词方式，所举的双音节复合词中大多数并不是由词法模式生成的，而是词汇化的结果，其内部结构和语义在共时状态下并不具备可分析性，不应该用构词法来处理。

所以将词汇化理论运用于汉语作为第二语言词汇教学中对提高汉语作为第二语言学习者的词汇学习能力、提升教师的词汇教学效率、解决课堂词汇教学疑难问题、以词汇教学促进语法教学等都具有重要实践意义，对国际汉语词汇教学理论水平的提升也具有重要理论意义。

5.2 文献回顾

5.2.1 双音节复合词词汇化的研究成果

双音节复合词是由两个不定位语素构成、语音形式为两个音节的词，如“爱惜”“记者”“房间”“除外”。根据统计，《国际中文教育中文水平等级标准》（中华人民共和国教育部国家语言文字工作委员会，2021-03-24发布，2021-07-01实施）的“词汇表”中双音词占总词汇量的77.55%，而且在各个词汇等级中的双音词节的占比都在50%以上。由此可知，双音节词是贯穿汉语习得者每个学习阶段的重点，是汉语词汇教学的重中之重。双音节词的数量之庞大，更要求对其进行系统性教学，以助学生达到举一反三的效果。复合构词是汉语的主要构词法，汉语词缀数量少，派生法又很不发达，故双音节复合词占据人们日常交流的绝大部分，自然也是国际汉语词汇教与学的主体部分。双音复合结构蕴含深厚的汉语言语构文化，其两个音节为一个标准音步的构式是汉语韵律词（prosodic word）最典型的特征[①]，在一定程度上反映了中国文化背景下的心理模式和思维方式，即双音节复合词和谐的节奏、整齐的排列、对称

---

① 冯胜利认为汉语中一个标准的音步是由两个音节构成的，一个标准的汉语韵律词是由标准音步即由两个音节构成的。韵律对汉语构词的制约表现为：复合词必须首先是一个韵律词，因而也就必须是两个音节。汉语中虽然也存在一些超过两音节的复合词，但数量不多，而且是在双音复合词的基础上构成的，因而双音复合词是汉语词汇系统的核心与关键。

的语义体现了中国人自古以来崇尚对称、好事成双的心理。这也就是刘珣（2000）指出的对外汉语教学过程中语言文化因素中的语构文化。所以，应该在汉语词汇本体研究成果下，对国际汉语教学的汉语词汇系统中具有规律性的语构文化因素进行挖掘，并将其作为词汇教学的有机组成部分，且在双音节复合词的教学过程中恰当引入汉语的历时文化知识。

词汇化（lexicalization）在共时和历时两个视角下有两种不同的解释：共时层面上的解释主要是L.Talmy提出来的，是指各类语素在某种语言里以某些规律性的形式融合（conflate）构成不同结构类型的词。历时角度将词汇化解释为某种非词的语言形式随着历史的变迁，其在语言中的结构理据消失后，逐步凝固，最后固定成词的衍生过程。众多学者认为，最早对词汇化进行研究的是索绪尔，他在《普通语言学教程》中指出，“粘合是指两个或者几个原来分开的，但常在句子内部的句段里相遇的要素相互熔合成为一个绝对的、或者难于分析的单位”。这其中的“互相熔合”其实就是后来所说的词汇化过程，其中“绝对的、难于分析的单位”就是固化形成的词。

张秀松（2011）从词语意义出发，提出词汇化即词义由抽象变为具体，由较虚的意义发展成固定实际意义的过程。而这一解释被很多学者称为“去语法化”。董秀芳（2011）对词汇化的解释基于汉语双音词的衍生与发展的研究之上，她认为词汇化就是短语等非词单位逐渐凝固或变得紧凑而形成单词的过程，这也是目前汉语学界对于词汇化理论基本统一的认识。她将双音节复合词分为三大类型：一是由短语降格而来的双音节复合词，本书称为“短语词汇化形成的双音节复合词”；二是由语法性成分参与形成的句法结构发展出来的双音节复合词，本书称为“句法结构词汇化形成的双音节复合词”；三是从本来不在同一句法层次上，但在线性顺序上紧邻的两个成分所形成的跨层结构中脱胎出来的双音节复合词，本书称为“跨层结构词汇化形成的双音节复合词”。

5.2.2 词汇化理论运用于国际汉语教学的相关研究

词汇化理论引入国际汉语教学的相关研究，根据研究对象，分为以下三类：

一是将不同词类的词汇化成果运用于国际汉语教学。如王美华（2012）提出要想让留学生掌握词汇化形成的虚词，首先应该总体了解成词前的非词形式和成词后虚词的特点，然后再从句子主干位置、语义虚实、语音停顿三个方面来对比虚词与非词形式之间的区别。又如李倩（2018）主要讨论了三音节惯用语的词汇化模式及词汇化程度，对不同程度词汇化的三音节惯用语，给出了强调惯用语意义的理解和感知，不能忽视惯用语的感情色彩和语体色彩等教学策略和建议。这两篇文章不仅研究了不同词类的词汇化，同时联系实践提出了相应的设想和方案。

二是将个别词的词汇化成果运用于国际汉语教学。如刘红妮（2008）提出在对近义实词“旅行”和“旅游”的辨析教学中应该引入双音节复合词词汇化理论，指出两者在使用过程中之所以会发生混淆，是由于其共时的语用差异正是其历时发展的结果，强调国际汉语教学中在对实词辨析教学编排时要注意共时和历时的结合。又如张渊（2016）从副词教学出发，以“反正”这一对外汉语初级词语为研究对象，对其词汇化的过程和衍生机制进行探索，认为词汇化可以作为对外汉语词语教学的一条重要思路，对教师的词汇教学和学生的汉语词汇学习具有一定的启发性。再如孟凯、崔言燕（2018）以“可X”形式的双音节复合词为例，探讨了在词汇化过程中词汇语义上发生的磨蚀现象，对汉语作为第二语言学习者助动词习得的影响。该文章很好地探讨了词汇化导致现代汉语词汇在语义上现存的问题，但不足之处是未提出将词汇化纳入课堂教学实践。还有方春媚（2020）重点研究了“当选”的词汇化过程、机制及动因，结合了其在共时层面的特点，进而发掘“当选”的词汇化研究成果在国际汉语词汇教学实践中的意义和价值。魏伊彤（2021）以“V.见”与“V.到”为例，运用词汇化理论，对动补结构的词汇化内涵进行界定，进而对教材中此类词汇进行研究与考察，最后对国际汉语词汇课堂教学、国际汉语教师、汉语作为第二语言的学习者提出建议。这五篇文章从个案展开，对某一个词语的词汇化进程进行追溯，进而探讨相关的一类词的实际教学方法，将国际汉语教学与词汇化这一词汇本体研究相结合。

三是汉外语言词汇化模式的对比研究。如李景华，崔艳嫣（2011）对比了英语词汇化与汉语词汇化的差异，通过研究证明当学习者的母语与目的语的词汇化模式相似时，会在词汇学习中出现正迁移，对词汇的感知、理解及掌握过程起促进作用；反之，则起阻碍作用。虽说该研究的对象是以汉语为母语的英语学习者的词汇习得机制，但是对汉语作为第二语言习得也有一定的借鉴意义。

上述研究均为词汇化研究成果运用于汉语二语词汇教学奠定了一定的基础。截至目前，尚未有学者从词汇化角度出发，对双音节复合词的二语教学进行深入的教学探讨。如何将词汇化研究成果引入到双音节复合词的教学中，应该采取什么样的教学策略等问题尚未有专门研究。

5.3 《发展汉语》双音节复合词的词汇化考察

《发展汉语》（第二版）是由李泉主编，荣继华、徐佳梅、武惠华、岑玉珍、高增霞等编著的普通高等教育“十一五”国家级规划教材，是目前在国际汉语教学领域影响力较大、被各大高校广泛使用的一套中文教材。整套教材纵向分为初、中、高三个层级（即难度阶段），横向分为综合、口语、听力、阅读、写作五个系列（即言语技能类型），共分28册34本。该系列教材广泛参考《汉语水平等级标准与语法等级大纲》（1996）、《汉语水平词汇与汉字等级大纲》（2001）、《高等学校外国留学生汉语言专业教学大纲》（2002）、《国际汉语教学通用课程大纲》（2008）、《欧洲语言共同参考框架：学习、教学、评估》（中译本，2008）、《新汉语水平考试大纲（HSK1～6级）》（2009—2010）等各类大纲和标准，借鉴语言学、教育学、心理学等各个基础学科领域的研究成果和实践理念。在词汇编选方面，充分依据《高等学校外国留学生汉语教学大纲（长期进修）》（2002），同时参考了其他各类大纲，并结合语言生活实际，广泛吸收了当代中国社会生活中十分常见的时代性和实用性词语。正是由于《发展汉语》教材的词汇与目前学界主流的词汇大纲较为相符，具有一定代表性，本章选取该教材作为研究对象，对教材中的双音节复合词进行考察。

5.3.1 双音节复合词的分类及统计

通过“筛选有词性标记的词语、筛选双音节词、筛选合成词（即筛除双音节单纯词）、筛选复合词（即筛除派生词）、筛除专有名词”这5个步骤，共从《发展汉语》（第二版）生词总表中获得7 690个双音节复合词：初级1 986个，中级2 597个，高级3 107个；听力1 852个，口语1 884个，阅读879个（包括读写 ，下同），写作254个，综合2 821个。

根据董秀芳（2011）提出的双音节复合词词汇化模式，再参考已有个例词汇化的研究成果，结合《汉语大词典》中检索得到的双音节复合词的义项解释及出处，将这7690个词按照词汇化模式分为三类进行统计：

第一类，短语→双音节复合词[①]，共7 160个，包括以下5小类：第1小类，偏正短语→双音节复合词，如“百姓”“病人”“新郎”，共2 994个；第2小类，并列短语→双音节复合词，如“名誉”“宇宙”“精神”，共2 866个；第3小类，动宾短语→双音节复合词，如“理发”“负责”“著名”，共866个；第4小类，主谓短语→双音节复合词，如“地震”“眼红”“心慌”，共105个；第5小类，述补短语→双音节复合词，如“改善”“打破”“缩小”，共329个。

第二类，句法结构→双音节复合词，共372个，包括以下5小类：第1小类，语法标记（所+V.，V.+者，V.+取，其+N.等）→双音节复合词，如“所有”“所谓”“记者”“学者”“争取”“获取”“其实”“其次”，共64个；第2小类，名词性成分+后置词→双音节复合词，如“身边”“周边”“期间”“时间”“厂家”“儒家”“念头”“兆头”，共93个；第3小类，代词结构→双音节复合词，如“相同”“相信”“见识”“见外”“自卑”“自残”，共107个；第4小类，否定结构→双音节复合词，如“不管”“不如”“无限”“无疑”“没谱”，共76个；第5小类，助动词结构→双音节复合词，如“容易”“可爱”“可恶”“可谓”，共29个。句法结构→双音节复合词与短语→双音节复合词的区别在于：“短语→双音节复合词”的构成成分为词汇性的，而

① “→”读作“词汇化形成的”，如“短语→双音复合词”就是“短语词汇化形成的双音复合词”，下同。

“句法结构→双音节复合词”中有一个构成成分是语法性的。这一区别使得后者的可类推性更强，运用于教学中，可以起到举一反三的作用。

第三类，跨层结构→双音节复合词，如“我来自中国”，其中的“来自”经过动介分析之后应该是“我‘来/自’中国”，其中“来/自”不在一个层次上且不是一个词，其中“来”是动词，“自”是介词，“自”本来是和后面的地点宾语“中国”在同一层次。但随着历时的发展，“来”和“自”常常相连使用，最后跨越组合层次黏合为词固定使用，同样模式形成的双音节复合词还有“关于”“以免”“以为”，共158个。由于该类双音节复合词数量较少，较难考察和理解，没有生成性和规律性，即使运用于词汇教学也难以起到举一反三的作用，所以本书对这一大类不做小类上的区分。

5.3.2 不同词汇化类型双音节复合词的分布情况

5.3.2.1 短语词汇化形成的双音节复合词的分布情况

（1）在整套教材中的分布

短语词汇化形成的双音节复合词在整套教材中的分布情况，如图5-1所示。

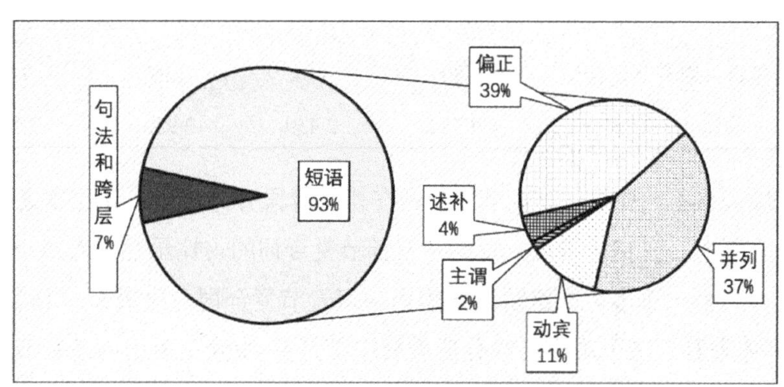

图 5-1 短语→双音节复合词在整套教材中的分布图

说明：图中“短语”即“短语→双音节复合词”，“偏正”即“偏正短语→双音节复合词”，下同。

由图5-1可知，在国际汉语教材中，约93%的双音节复合词是短语词汇化形成的，句法结构/跨层结构→双音节复合词只占7%。短语词汇化中各小类的分布不均衡。这与汉语双音节复合词本身的特点相符，现代汉语中五种结构方式双音节复合词在词量上就存在差异，在总体双音节复合词中的比例也不平衡。图5-1中，并列短语→双音节复合词和偏正短语→双音节复合词的分布最广，占比最大，各占总双音节复合词的37%和39%；其次动宾短语占11%；述补短语占4%，最后是主谓短语，分布最少，占比最小，为2%。

（2）在不同难度层级分册的分布

根据短语词汇化形成的双音节复合词在不同难度层级分册词量分布，制成表5-1。

表5-1　短语→双音节复合词在不同难度层级分册教材中的词量分布

类型	短语词汇化形成的双音节复合词（个）			
	初级教材	中级教材	高级教材	总计（个）
并列短语→双音节复合词	631	954	1 281	2 866
偏正短语→双音节复合词	801	1 065	1 128	2 994
动宾短语→双音节复合词	252	265	349	866
主谓短语→双音节复合词	18	41	46	105
述补短语→双音节复合词	89	114	126	329
总计（个）	1 791	2 439	2 930	7 160

根据表5-1，短语→双音节复合词在初级阶段分布最少，中级次之，高级阶段分布最多。在初级阶段，短语→双音节复合词的占比虽然相对最小，但词汇量已经达到一千多。高级阶段的短语→双音节复合词占比最大，数量最多。

具体来看，三个难度层级分册教材中都是并列/偏正短语→双音节复合词占比最大，动宾短语→双音节复合词次之，述补/主谓短语→双音节复合词的占比最小。其中，初级阶段并列/偏正/动宾短语→双音节复合词相对来说已经有了很大的词量。与中级阶段和高级阶段相比，偏正短语→双音节复合词在初级阶段占比最大(45%)，动宾短语→双音节复合词在此阶段占比也较大(14%)。到了中级阶段，述补短语→双音节复合词的词量在初级阶段的基础上积累到了一定程度，已经为述补短语词汇化的讲解形成充分的条件。此时，述补短语→双音节复合词在此阶段数量较多。到高级阶段，主谓短语→双音节复合词才有了一定量的积累。并列/主谓短语→双音节复合词相比前两个阶段，在此阶段数量提升较大。相比初级和中级阶段，每种短语→双音节复合词的词量在高级阶段的词量都是最大的。

（3）在不同技能类型分册的分布

根据短语词汇化形成的双音节复合词在不同技能类型分册词量分布，制成表5-2。

表 5-2　短语词汇代形式的双音节复合词在不同技能类型分册教材中的词量分布

类型	短语词汇化形成的双音节复合词（个）					
	听力	口语	阅读	写作	综合	总计
并列短语→双音节复合词	600	726	364	99	1 077	2 866
偏正短语→双音节复合词	767	710	346	98	1 073	2 994
动宾短语→双音节复合词	256	216	96	28	270	866
主谓短语→双音节复合词	29	27	10	6	33	105
述补短语→双音节复合词	85	76	33	11	124	329
总计	1 737	1 755	849	242	2 577	7 160

由表5-2绘制出短语词汇化形成的双音节复合词在不同技能类型分册教材中的分布情况，如图5-2所示。

由图5-2可知，短语→双音节复合词在不同言语技能分册教材中的占比有一定的差距。相对来说，在综合教材占比最大，在口语和听力教材占比次之，在阅读和写作教材占比较小。

具体来看，五种言语技能分册教材中都是并列/偏正短语→双音节复合词的占比最大，动宾短语→双音节复合词次之，述补/主谓短语→双音节复合词的占比最小。

其中，并列短语→双音节复合词在阅读教材中占比最大（43%）；偏正短语→双音节复合词在听力教材中占比最大（44%）；动宾短语→双音节复合词在听力教材中占比最大（15%）；主谓短语→双音节复合词在听力、口语和写作教材中占比最大（2%）；述补短语→双音节复合词在听力和写作教材中占比最大（5%）。

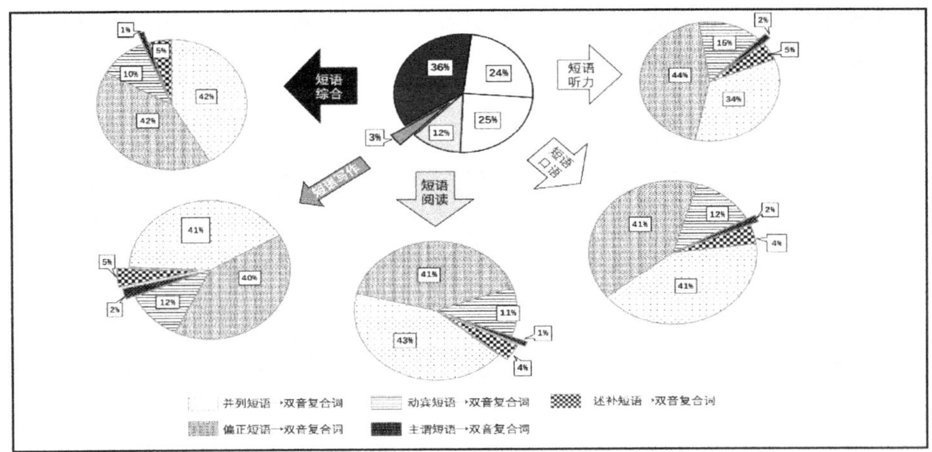

图 5-2　短语→双音节复合词在不同技能类型分册教材中的分布图

说明：图中“短语听力”即“听力教材中的短语→双音节复合词”，下同。

5.3.2.2 句法结构/跨层结构→双音节复合词的分布情况

（1）在整套教材中的分布

句法结构/跨层结构词汇化形成的双音节复合词在整套教材中的分布情况，如图5-3所示。

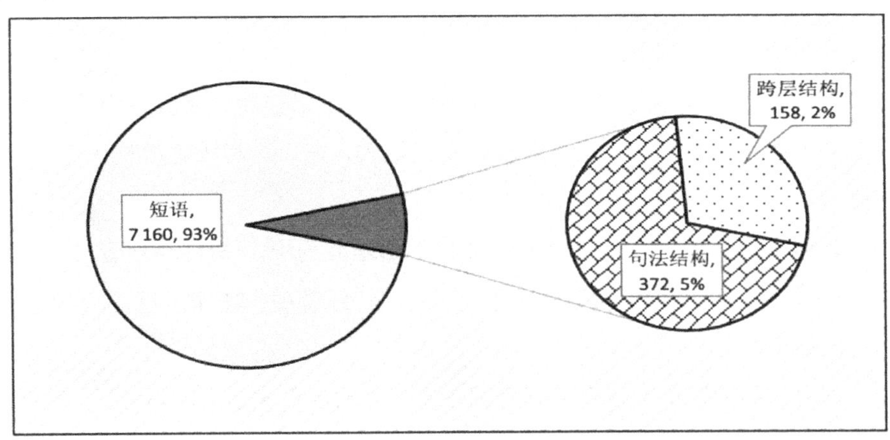

图 5-3　句法结构/跨层结构→双音节复合词在整套教材中的分布图

由图5-3可知，在《发展汉语》（第二版）中约5%的双音节复合词是句法结构→双音节复合词，跨层结构→双音节复合词只占2%，体量很小。从词汇化角度出发的双音节复合词教学中句法结构/跨层结构→双音节复合词很容易被师生所忽略，但其中句法结构词汇化的一个结果是语言系统中出现类后缀（如“者”）或类前缀（如“不、自”），句法结构→双音节复合词是汉语系统中与派生词的词缀关系最为紧密的一类。同时虚词是汉语语法及词汇教学过程中的重点，而跨层结构→双音节复合词中绝大部分都是虚词。据此，句法结构/跨层结构→双音节复合词虽词量少、占比小，但若忽略对其教学，就容易导致偏误的出现，同时不利于派生词和虚词的教学。所以，句法结构词汇化模式和跨层结构词汇化模式还应融入双音节复合词的教学过程中。从占比来看，更应侧重句法结构→双音节复合词的教学。

（2）在不同难度层级分册的分布

根据句法结构/跨层结构词汇化形成的双音节复合词在不同难度层级分册的词量分布，制成表5-3。

表 5-3　句法结构/跨层结构词汇化形成的双音节复合词在不同难度等级分册教材中的词量分布

句法结构/跨层结构→双音节复合词（个）				
—	初级教材	中级教材	高级教材	总计
句法结构→双音节复合词	137	108	127	372
跨层结构→双音节复合词	58	50	50	158
总计	195	158	177	530

由表5-3可知，句法结构/跨层结构→双音节复合词在不同难度层级教材中的分布均匀，差距较小，三个难度层级分册教材中都是句法结构→双音节复合词的占比大于跨层结构→双音节复合词。句法结构→双音节复合词在初级教材和高级教材中数量较多。

跨层结构→双音节复合词的词量在三个阶段均匀分布，词的数量分别为58、50、50。相比其他阶段，中级阶段的跨层结构→双音节复合词占比相对较大（32%）。

（3）在不同技能类型分册的分布

根据句法结构/跨层结构词汇化形成的双音节复合词在不同技能类型分册的词量分布，制成表5-4。

表 5-4　句法结构/跨层结构词几代形成的双音节复合词在不同技能类型分册教材中的词量分布

类型	句法结构/跨层结构→双音节复合词（个）					
	听力	口语	阅读	写作	综合	总计
句法结构→双音节复合词	85	84	29	10	164	372
跨层结构→双音节复合词	30	45	1	2	80	158
总计	115	129	30	12	244	530

由表5-4绘制出句法结构/跨层结构词汇化形成的双音节复合词在不同难度层级分册教材中的分布情况，如图5-4所示。

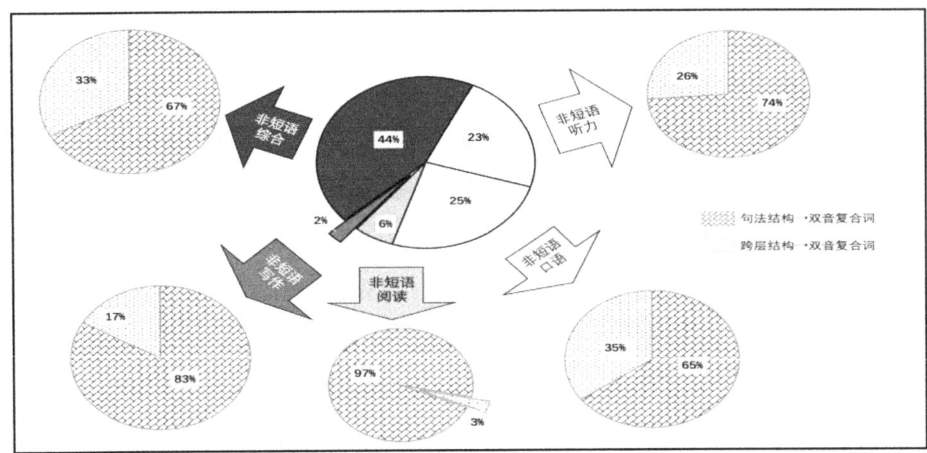

图 5-4　句法结构/跨层结构→双音节复合词在不同言语技能分册教材中的分布图

由图5-4可知句法结构/跨层结构→双音节复合词在不同言语技能教材分册中的分布比例。相对来说，句法结构/距层结构→双音复合词的占比在综合占比远远大于其他言语技能分册，在口语教材和听力教材中占比次之，在阅读和写作类教材中占比最小。

总的来看，五个言语技能分册教材中都是句法结构→双音节复合词的占比大于跨层结构→双音节复合词。结合表5-4，句法结构→双音节复合词在综合教材中的词量最多（164个），在阅读教材中占比最大（97%）。对于跨层结构→双音节复合词，与在其他言语技能教材中的占比相比，在综合教材中的词量最多（80个），在口语教材中占比最大（35%）。

5.4 双音节复合词词汇化研究成果在汉语二语词汇教学中的运用

根据上文对不同词汇化类型的双音节复合词在国际汉语教材《发展汉语》（第二版）生词总表中的考察结果，再结合第二语言习得的主要理论和汉语作为第二语言教学过程的感知、理解、巩固、运用四个基本阶段，提出词汇化研究成果运用于双音节复合词教学的建议及针对不同词汇化类型双音节复合词的教学策略。

5.4.1 词汇化研究成果运用于双音节复合词教学的时间建议

基于上述三类词汇化而来的双音节复合词在整套教材、不同难度层级分册、不同言语技能分册中的分布情况，结合“词汇数量相对较多时引入相对应词汇化概念”①，“词量占比相对较大时进行侧重讲解②”的理念，可以得出以下“各类词汇化概念何时引入与何时侧重”的结论：

短语词汇化概念要在初级阶段引入，然后循序渐进，在高级阶段进行最为全面的讲解，同时要注意，不能因为阅读和写作词量太少而在阅读和写作课上忽略对词汇化的运用和讲解。在初级阶段双音节复合词的教学中，教师就要让学生知道，现在所需要掌握的双音节复合词中在很早之前都是短语。随着难度上升，教师对词汇化类型的讲解越来越深入，学生的操练及运用也

① 当某一词汇化模式下的双音节复合词在教材中数量很多时，学生词汇学习的记忆负担加重，教师的教学量加大，此时将相对应的词汇化模式作为词汇教学的辅助手段引入课堂，可以将原本零散的单个词通过词汇化模式串联起来，提升教师的词汇教学效率。

② 当某一词汇化模式下的双音节复合词占比很大时，说明此类双音节复合词在对应教材中最为重要，教师在此时侧重及加深对该词汇化模式的讲解，可进一步加深和巩固学生对单词与单词之间关系的认知，通过对单词知识的讲解，让学生加深对单词的记忆和联想，避免遗忘。

越来越熟练，遇到新词就可以通过其各语素成分的关系归入大脑中架构的词汇化类型系统中。随着词汇难度层级的提升，教师逐步加深对短语词汇化模式的讲解，增强学生词汇学习的成就感。虽然难度层级上升，新词量增大，但是学生词汇学习的效率却越来越高，学习能力也越来越强，教师对词汇的教学也会越来越轻松。

从短语→双音节复合词小类型上看，并列/偏正短语词汇化模式无论在什么课型中都应该是最重点内容，所以在每个课型中都要对其进行重点讲解。其中，并列短语词汇化模式应该在初级阶段的综合课上引入，在高级阶段的阅读课上不能因其词量少而忽略对其的讲解，偏正短语词汇化模式应该在初级阶段的综合课上引入，在初级和高级阶段的听力课堂上侧重讲解。动宾短语词汇化模式应该在初级阶段的综合课上引入，在初级和高级阶段的听力课上侧重讲解。主谓短语词汇化模式应该在高级阶段的综合课上引入，并在高级阶段的听力、口语和写作课上侧重讲解。述补短语词汇化模式应该在中级阶段的综合课上引入，在中级和高级阶段的听力和写作课上侧重讲解。

句法结构词汇化模式要在初级阶段、综合课型的双音节复合词教学中引入，在高级阶段最为侧重讲解，特别要注意在阅读课上对其进行重点复习和操练。同时，由于其中语法成分的生成性以及句法结构→双音节复合词在共时层面上表面结构的规律性，将其词汇化模式引入双音节复合词的教学中不仅可以对双音节复合词的教学起到事半功倍的效果，而且可以与词缀教学相辅相承，促进派生词的教学。

跨层结构词汇化的模式要在初级阶段、综合课型的双音节复合词教学中引入，在中级阶段、口语课型中应该对其进行重点讲解。但跨层结构词汇化的模式较为复杂，应该侧重对其在句子中语法位置的讲解。同时，由于跨层结构→双音节复合词是这三类中与虚词联系最为紧密的一类，而虚词教学又是国际汉语词汇教学中的重难点，所以将跨层结构词汇化适当引入双音节复合词的教学中，对于虚词的学习和理解是有帮助的。

综上所述，制成表5-5：

表 5-5　不同类型词汇化模式的引入及侧重建议时间表

词汇化类型	引入时间	侧重时间
并列短语词汇化	初级阶段 综合课型	高级阶段 阅读课型
偏正短语词汇化	初级阶段 综合课型	初、高级阶段 听力课型
动宾短语词汇化	初级阶段 综合课型	初、高级阶段 听力课型
主谓短语词汇化	高级阶段 综合课型	高级阶段 听力、口语和写作课型
述补短语词汇化	中级阶段 综合课型	中、高级阶段 听力和写作课型
句法结构词汇化	初级阶段 综合课型	高级阶段 阅读课型
跨层结构词汇化	初级阶段 综合课型	中级阶段 口语课型

5.4.2 双音节复合词词汇化研究成果运用于词汇教学的策略

5.4.2.1 “汉外对比”将词汇化模式运用于教学

基于词汇化研究成果，在所有双音节复合词的教学过程中都可以采用“汉外对比”的方式引入词汇化模式辅助原有教学。无论哪种语言的词汇都是在发展中形成并且不断变化的，通过对比学习者母语词汇化模式来引入目的语词汇化模式，帮助学生树立词汇化意识，符合美国语言学家拉多的对比分析假说中的“正迁移（positive transfer）”理论，有助于拉近学生与汉语的距离，减少对词汇化理论的陌生感。同时，李景华，崔艳嫣（2011）已经证明了学习者的母语与目的语的词汇化模式相似时，会在词汇学习中出现正迁移，并对词汇的感知、理解起促进作用。

如偏正短语形成的双音节复合词“欢迎”在《发展汉语》（第二版）生词总表中共出现4次，分别在《初级综合》《初级口语》《初级听力》《中级口语》分册中出现。在初级阶段的综合课上，第一次讲解偏正短语形成的双音节复合词“欢迎”时，就可以通过类比英语中welcome的词汇化模式来引入：welcome是由短语well come黏合衍生形成，汉语双音节复合词“欢迎”与其类似，是由古代汉语中单音节副词“欢”和单音节动词“迎”构成的偏正短语，后发生词汇化，固定成不可拆分的双音复合动词，以此让学生从历时角度上对“欢迎”进行初步感知。在口语和听力课上再次遇到“欢迎”时，在初级综合课引入的基础上进一步讲解单音节副词“欢”，即“高兴地、开心地”放在动词前修饰动作的状态，单音节“迎”即“迎接”做动词，可以受副词修饰。以此让学生在口语和听力课上从语素义角度理解该词。中级阶段的口语课第三次遇到“欢迎”时，教师可以对该词词汇化背后的文化内涵进行讲解：在中国讲究韵律和谐的传统文化的影响下，现代汉语的词语多为双音节。因此，古代汉语单独的“欢”和“迎”由于常常组合运用，就词汇化成了“欢迎”，如今在现代汉语中表示“高兴迎接”的状态。对该词讲解的同时还可以结合情景动作作辅助解释。

再如，当对句法结构词汇化中的否定结构形成的双音节复合词进行教学时，可以将“不”“无”等否定性语法成分类比英语中的non-、dis-、in（im、il、ir）-、a（an）等否定前缀。如此，通过“汉外对比”的方式引入词汇化类型的教学，帮助学生建立起汉语与母语之间的联系，让学生在理解的基础上，化被动接受汉语知识为主动探究汉语词汇学习方式，从而提高学习效率，提升对汉语词汇的掌握能力。

5.4.2.2 针对短语→双音节复合词，以语素教学法为基础“拆解逆推”

基于词汇化研究成果，针对短语→双音节复合词，以语素教学法为基础，运用“拆解逆推”法辅助教学。即教师引导学生通过拆解语素来猜测其对应的原始短语，由短语推测情景，进而加深对词汇的理解，重复使用这种“拆解逆推法”，可以提高对语素的理解能力，提升新词的感知能力。

如并列短语形成的双音节复合词“讲解”和“奢侈”。“讲解”作为动词出现在《发展汉语》（第二版）初级综合的生词总表中。在初级阶段的综合课上对“讲解”进行教学时，教师可以将其拆解逆推为并列短语“讲述和解答”，进而推测出“老师为学生讲述和解答问题”的场景。并通过情景演示的方式先展示“教师单方面讲述学生听”的情景并告诉学生这在古代汉语中用单音节动词“讲”来描述，接着再找同学配合展示“学生提问老师回答”的情景并告诉学生这一情景在古代汉语中用“解”来描述。这两个情景往往连续发生，两个单音节词构成的短语词汇化为一个双音节复合词“讲解”，后面可以接宾语如“讲解词汇”“讲解习题”等。如此，以语素教学法为基础，从词汇化视角对“讲解”进行拆解逆推后结合情景让学生感知、理解语义和掌握语用。

“奢侈”作为形容词出现在高级阅读的生词表中，说明该词仅作为接受性词汇[①]出现，对该词的教学应该更侧重于识别和理解。在高级阶段的阅读课上对“奢侈”讲解时，基于初中级阶段已有的短语词汇化概念基础，同时，高级阶段学生已经有了一定的汉语水平，也更渴望通过词汇学习了解其背后的文化内涵，渴望掌握更多中国源远流长的历史背景知识，教师可以在对其进行拆解逆推后进一步深入：“奢”和“侈”在现代汉语中很少单独使用，这两个单音节成分在现代汉语中无法独立表示含义，但是其在古代汉语中却可以单独作为形容词来使用。如《论语》中“礼，与其奢也，宁俭”，其中的“奢”就单独使用表达“铺张浪费，讲究排场”，以此告诫人们表达诚意不一定非要铺张浪费。再如，《左传》中“俭，德之共也；侈，恶之大也”，其中“侈”单独使用表达“过多挥霍、过度享受”，表达中国自古以来就不提倡浪费和挥霍等行为。后来，在中国讲究韵律和谐的传统文化的影响下，“奢”和“侈”两个意义相近的单音节形容词发生词汇化形成了固定使用的双音节复合词，如“当下很多人追求奢侈生活，导致了错误的消费观念”中的“奢侈”固定作为形容词使用，表达“挥霍金钱过多，享受过度”的状态。如此对短语→双音节复合词追根溯源、拆解逆推式教学，不仅让学生掌握了并列短语形成的双音节复合词“奢侈”，还了解了源远流长的中国传统文化和博大精深的中国人的价值观。

总之，对于偏正短语形成的双音节复合词可以通过拆解修饰成分和中心成分来进行教学；对于并列短语形成的双音节复合词可以通过拆分探讨两个语素之间语义上相同、相反或相关的关系来进行教学；对于动宾短语形成的双音节复合词，通过拆解逆推，体会动词的动作性强弱及与事宾语之间的情景关系来加深理解和记忆；对于主谓短语形成的双音节复合词，通过拆解逆推，进一

---

① 刘珣（2000）提出对于不同类型的词语在教学中要区别对待，并将听、说、读、写四种言语技能词汇又分为表达性词汇和接受性词汇。表达性词汇就是会说会写的词汇，即符合口语和写作要求的词汇；接受性词汇就是要求读懂和听懂的词汇，即符合听力和阅读要求的词汇。

步理解主语部分一般为当事而不作为施事出现，除了特指的独一无二的现象外（如“海啸”中的“海”），一般为某种无指的现象（如主谓短语形成的双音节复合词“心仪”中的“心”并不是指客观存在的心），从而想象其对应的场景加深记忆；对于述补短语形成的双音节复合词，通过拆解逆推，让学生理解后面成分一般表示前面动作的结果、趋向或程度，是为了更形象地描述一个场景，进而深入感知和理解。

如此，在词汇化理论指导下，以语素教学法为基础，通过拆解逆推，在短语形成的双音节复合词教学过程中，促进学生对于构词语素的掌握以及对于汉语语法结构的巩固和理解。让学生在扩充词汇量的过程中逐步掌握独自理解新词和组词的能力，同时促进教师对偏正、并列、动宾关系等“语法词汇化”的教学实践。

5.4.2.3 针对句法结构→双音节复合词，采用“类词缀法”举一反三

基于词汇化研究成果，针对句法结构→双音节复合词，可以采用“类词缀法”辅助教学，以达到举一反三的效果。由于句法结构形成的双音节复合词中语法性成分位置固定，能与很多词汇性成分进行组合，具有生成性，所以在共时层面具有一定的规律性。教师可以将相同语法性成分的双音节复合词归纳组块，让学生自行发现其中固定不变的成分，进而进行组块教学。只讲解其中部分词语，学生再遇到有相同成分的新词时，就可以联系旧词中的“类词缀”，举一反三，推测新词词义及用法。

如语法标记“者”字结构形成的双音节复合词“记者”“学者”“强者”“智者”，根据这4个词在《发展汉语》（第二版）的生词总表中的分布情况，制成表5-6。

表5-6 《发展汉语》（第二版）生词总表中语法标记“者”形成的双音节复合词

句法结构→双音节复合词	难度层级	技能类型	词性
记者	初级	口语	名
学者	中级	综合	名
强者	高级	听力	名
智者	高级	阅读	名

由表5-6可知，语法标记“者”字结构形成的双音节复合词均作为名词出现。在初级阶段的口语课上第一次对“记者”进行教学时，先告诉学生该词指的是从事采访和撰写报道职业的人，然后进一步告诉学生“者”在汉语的双音节复合词中是一个表示“……的人”的语法标记，“记”+“者”在古代汉语还未成词的时候，是用来指所有“做记录的人”，与英语中的“-er”“-or”“-ist”等表人的后缀相似，如“从事教学的人”就是“teach”+“er”形成的“teacher”。让学生在掌握“记者”用法的基础上，对语法标记“者”有初步的感知。

到了中级阶段，在综合课遇到“学者”这个词的时候，教师一边将初级阶段的“记者”进行复习，一边基于句法结构词汇化模式，将两个词进行更深一步的讲解：无论是“学者”，还是之前学过的“记者”，其中共有的名词化标记“者”随着历时的发展，其名词化功能逐渐衰退，与其前面的单音节词粘连使用发生词汇化，最后固定成一个具有专指意义的双音节复合词。“记者”原指所有“做记录的人”，现在专指“从事采访和撰写报道的职业”；“学者”原指所有“学习的人”，如《礼记》中“学者必有四失，教者必知之”，而现在“学者”专指“在学术领域内颇有成就的人”。

到高级阶段，再对“强者”和“智者”两个双音节复合词进行教学就会轻松很多。教师将学过的“记者”“学者”和新词“强者”“智者”组块教学。通过引导学生回忆巩固语法标记“者”字结构词汇化的模式，进一步讲解“者”出现在双音节复合词中，可以使得前面成分专指化，使得整个双音结构名词化。让学生很快感知和理解“强者”和“智者”的含义即“具备卓越能力的人”和“有谋略有想法的人”，同时很快掌握该类词的听、说、读、写中的运用。

再如代词结构“相X”形成的双音节复合词，其在《发展汉语》（第二版）生词总表中共有14个，根据其分布情况制成表5-7。

表 5-7 《发展汉语》（第二版）生词总表中代词结构“相 X”形成的双音节复合词

句法结构→双音节复合词	难度层级	技能类型	词性
相同	初级	综合	形
相忘	初级	读写	动
相信	初级	听力	动
		综合	动
相处	初级	读写	动
	高级	听力	动
相识	初级	综合	动
	高级	听力	动
相反	中级	综合	连
相关	中级	口语	动
	高级	听力	动
		综合	动
相应	中级	听力	形
	高级	听力	动
		口语	动
		综合	动
相聚	高级	口语	动
相融	高级	听力	动
相继	高级	口语	副
		综合	副
相隔	高级	口语	动
相当	高级	听力	形
相差	高级	口语	动

根据表5-7，在初级阶段对“相同”“相忘”“相信”“相处”“相识”等双音节复合词教学时，开始就应对其共有的“相”做词汇化角度的讲解：“相”是一个指代与事双方的词[①]，所表达的含义类似于“each other”。“相”

① 董秀芳（2011）将“相”定义为交互代词（reciprocal anaphor）。由于本章的解释内容是用于汉语作为第二语言学习者的词汇教学，所以将交互代词按照其用法解释为“指代与事双方的词”。

只做代词成分出现在双音节复合词中，类似于一个前缀。如“相信”就类似于英语中的“believe each other”。学生到中级阶段和高级阶段再遇到“相反”“相关”“相应”“相聚”“相融”“相继”“相隔”“相当”“相差”时，与之前学过的“相信”“相同”等进行组块类比，就可以很容易理解词的本意与其后成分“反”“聚”“融”等相关。

如此，基于词汇化理论采用“类词缀法”辅助句法结构形成的双音节复合词的教学，学生在学习部分句法结构形成的双音节复合词之后，对于与其相同词汇化模式的新词更容易感知、理解和掌握，顺其自然地达到举一反三的学习效果。同时，对句法结构形成的双音节复合词中语法成分的侧重讲解，还可以促进语法词汇化教学。

5.4.2.4 针对跨层结构→双音节复合词，应忽略其结构理据而侧重语用教学

根据上文对跨层结构→双音节复合词在《发展汉语》（第二版）生词总表中的考察，可见跨层结构→双音节复合词数量少且跨层结构词汇化的模式与前面两种相比较为复杂，跨层结构形成的双音节复合词的两个成分之间的关系非常模糊：既不像短语形成的双音节复合词那样存在语义关系上的确定性，也不像句法结构形成的双音节复合词那样存在表面结构上的规律性。故若将跨层结构理据的讲解直接引入课堂，或完全从该角度对该类双音节复合词进行教学的话，难以起到举一反三的作用，还会增加学习难度，甚至导致不必要的混淆和偏误。对于汉语水平有限的留学生来说，还会增加其汉语词汇学习的畏难情绪。所以在对跨层结构形成的双音节复合词的教学过程中，应该忽略对其结构由来及理据的讲解，只在学生遇到该类词进行刨根问底、追根溯源式提问时，运用跨层结构词汇化模式来答疑解惑即可。

鉴于该类词汇化途径下产生的大多都是副词、连词、介词等虚词，而虚词的教学往往偏向于其在造句时的用法，所以在对整个跨层结构形成的双音节复合词的教学过程中，应该将此类词与虚词教学相结合，侧重对其用法的讲解，将其放于句中分析其语法位置，通过“词汇教学语法化”的方式进行讲解。

如跨层结构形成的双音节复合词“终于”。“终于”出现在《发展汉语》（第二版）初级听力和初级综合分册的生词总表中，均作为副词出现。教师理

应知道“终于”的词汇化模式：在“愚者始于乐而终于哀”等古代汉语的例句中，“终”是作为动词表示“结束”，“于”在其后作为介词接“终”的宾语“哀”。其中，“于哀”为介宾短语形成一个层次，与前面的“终”并未出现在同一层次内。而在现代汉语中“终于”却直接作为副词用以修饰动词，如“在暑假的最后一天，小明终于写完了他的暑假作业”。这说明“终”和“于”在历时发展过程中发生了跨层结构词汇化。

在教学过程中时，教师直接告诉学生“终于”是一个副词，放在动词前使用，表示“经过种种行动之后出现的情况”让学生初步感知，进而举例让学生体会其在句中的用法，如“阳台上的那株水仙花终于开花了”“经过一年的刻苦复习，小红终于通过了汉语考试”。让学生在语句中进一步理解，再运用替换法让学生实际造句操练来巩固和掌握其用法。

总之，对于跨层结构→双音节复合词，教师不必将跨层结构理据强加于教学之中，而是应该与虚词教学相结合，侧重其在句子中语法位置的讲解和对其用法的教学。

5.5 相关探索与思考

本章基于董秀芳（2002/2011）的词汇化理论框架，尝试探讨了词汇本体研究成果之一——词汇化理论在词汇教学中的运用。考察了双音节复合词在国际汉语教材中不同难度等级、不同课型教材生词总表中的分布状况与词汇化模式的相关性，重点举例说明了如何将词汇化研究成果运用到双音节复合词的教学中，以及采取什么样的教学策略。词汇研究成果运用于教学的相关理论及具体实践均有待进一步的研究。

第一，重视词汇本体研究成果在教学中运用的理论探讨，开展具体词词汇本体研究成果的教学运用实践。可以说，自从有了国际汉语教学，汉语词汇研究成果运用于教学的工作也便开始了。一方面，各类教学参考手册、教材中的词汇分类及释义其实就是将词汇本体的理论知识运用于词汇教学；另一方面，很多教师遇到不易解决的词汇“语素变义”等教学问题时，也会自发查找相关文献，结合教学需要，将相关成果吸收、运用到教学中。这些工作对词汇教学的重要性毋庸置疑，但仍然无法满足教学需要，多年来对词汇本体的研究成果运用于教学的呼吁从未停止。我们认为，一方面，要对词汇本体研究成果的“运用”工作进行理论提升，从理论上探讨运用及引入的内涵、机制等问题；另一方面，要结合具体的词语分类，探索其研究成果的教学引入操作程序。理论与实践相结合，双向互动，推动汉语词汇本体研究成果运用于汉语二语词汇教学的发展。

第二，构建词汇研究成果教学运用数据库，促进引入策略的系统化呈现。数据库的构建，既有助于发现尚未进行引入和运用的研究领域，也可促进研究成果运用于教学的系统化呈现。

第三，广泛听取一线教师的意见和建议，增强实际运用和操作的时效性。对词汇本体研究成果的运用，首先应确定具体需要引入词汇教学的研究成果，找到汉语二语教学中的词汇知识空缺点，再去查找相关的研究成果，并开展引入及教学实践研究。至于哪些汉语词汇研究成果急需运用和引入，应该多听取一线教师的意见，从教师的意见和建议中找寻线索，这样才能使研究更好地服务教学，并将研究结果积极运用于国际汉语词汇教学中。

第 6 章　隐喻视角下的汉俄基本味觉词对比研究

6.1 引言

汉俄味觉词以其特有的方式记录了中国人民和俄罗斯人民对于“味”的认识和经验，并且都存在较多涉及饮食、地域和文化诸多方面的味觉词隐喻现象。人们常常以感官经验为基础来认识外部世界，因此味觉的地位相当重要。本章选取汉俄基本味觉词“酸/кислый、甜/сладкий、苦/горький、辣/острый”进行对比研究。

6.2 汉俄基本味觉词的隐喻对比分析

本章通过筛选北京大学中国语言学研究中心语料库（CCL）、北京语言大学语料库（BCC）和俄语国家语料库（Национальный корпус русского языка）中有关基本味觉词的相关语料，对比分析两种语言在味觉词隐喻模式上的异同之处。

6.2.1 汉俄基本味觉词“酸/кислый”的隐喻对比分析

6.2.1.1 汉语“酸”的隐喻义

《现代汉语词典》(第七版)中对“酸”的释义是：“像醋的气味或味道”，

这也是“酸”的基本义。“酸”的隐喻义，按照目标域映射分类整理如下：

（1）味觉域→嗅觉域

a. 你周身散发着一股马粪的酸味。好闻吗？

“酸”映射到嗅觉域，可以表示食品变质腐败后发酵变酸，并产生异味，如“酸臭、酸溜溜的味道”等。

（2）味觉域→视觉域

a. 十六：“他摇了摇头，酸眉苦脸地指了指小窝铺，抿着嘴笑着窜走了。”

“酸”映射到视觉域，表示一种嫉妒、苦恼的样子。

（3）味觉域→听觉域

a. 冯母开始以一贯尖酸刻薄的态度对付女儿了。

“酸”映射到听觉域，表示令人不高兴，讽刺、嘲笑对方，让人不舒服的话语表达。

（4）味觉域→触觉域

a. 可她却说，那些在餐厅打工的同学比她还辛苦呢，不但累得腰酸腿疼，而且还要忍受各种不适应的气味和客户的无礼取闹。

吃到过于浓烈的酸味食物会让人感到不舒服，与因疲劳或疾病而导致身体乏力微痛的感觉相似。所以“酸”与身体部位连用时，表示“不舒服”之意，如“酸痛”“四肢酸软”“腰酸腿疼”等。

（5）味觉域→情感域

a. 在迷惘什么呢？不是想要拉他脱离充满罪孽的生涯吗？就算现在，心里仍然坚定其意，盼他能早日摆脱罪恶，可是……为什么每每瞧见他细心待她，心头酸楚便增了几分。

“酸”映射到情感域，表示“伤心、难过”的情感状态。“酸”还可指“嫉妒，眼红别人的心理”。人们嫉妒时的心理感受与尝到“酸”味的感觉相似，因而有“吃醋”“有一股酸味”“打翻了醋坛子”等表示嫉妒的说法。

（6）味觉域→人物域

a. 自认为在这方面比起酸秀才出身的丈夫来要高明几倍。

“酸”映射到人物域，表示迂腐的书生、气质上穷困潦倒的样子。

（7）味觉域→社会生活域

a. 尽管我心急如焚，可是我觉得这段路只走了几分钟，因为无限辛酸、万般感慨，一齐涌上心田，也就不觉路长了。

“酸”映射到社会生活域，用来表示生活中的无奈、不容易，如“辛酸”“悲酸”“生活的酸甜苦辣”等。

6.2.1.2 俄语“кислый”隐喻义

在俄汉词典中“Кислый”的释义为：“Имеющий своеобразный острый вкус, напоминающий вкус лимона,уксуса,клюквы и т. п.”，表示具有特别刺激的味道，如柠檬、醋、红莓等食材的味道。“Кислый”的隐喻义，按照目标域映射分类总结整理如下：

（1）味觉域→嗅觉域

a. Растение содержит щавелевокислый кальций, придающий листьям кислый вкус. 该植物含有草酸钙，叶片有股酸味。

“Кислый”映射到嗅觉域，可以表示食品发酵变为酸的，也可表示因腐败而发酸、馊的味道。

（2）味觉域→视觉域

a. Глядя на моё кислое лицо, Хикмет протянул мне таблетку. 看到我脸色不好，希克梅特把药片递给了我。

“Кислый”映射到视觉域，用来形容给人一种忧愁、苦恼、不满的感觉。

（3）味觉域→听觉域

a. Михаил Михайлович любезно потрепал меня по руке и собрался уходить. Кислый голос соседки: — Профессор, а я? 米哈伊尔·米哈伊洛维奇亲切地拍了拍我的胳膊，准备离开。我的邻居悲伤地说：“教授，那我呢？”

“Кислый”映射到听觉域，用于表示听起来令人不愉快的话，如：Кислый речи/тон难过的声音。

（4）味觉域→触觉域（物件）

a. Шувалик! кислая шерсть! 舒瓦利克！羊毛湿了！

“Кислый”映射到触觉域（物件），形容潮湿的东西。

（5）味觉域→情感域

a. Утрами же у меня большей частью кислое настроение. 早晨，我的心情大多是郁闷的。

“Кислый”映射到情感域，表示无精打采的感觉、不愉快的心情。

（6）味觉域→人物域

a. ….и был еще сам хозяин — кислый толстяк.商店的主人是一个无精打采的胖子。

“Кислый”映射到人物域，喻指不友好的、无精打采的、忧郁的人，如：кислая вдова（忧伤的寡妇）。

（7）味觉域→天气域

a. Дождь. Кислая погода, работать нельзя.25 августа . 下雨了。潮湿多雨的天气，让人无法工作。8月25日。

“Кислый”映射到天气域，表示环境或天气不好，如：кислая сырость（令人不愉快的潮湿）、кислое утро（潮湿多雨的早晨）、кислый сентябрь（潮湿的九月）等。

“Кислый”还可映射到社会生活域，转喻为坏的、不能用的物体，如кислый товар（次品）。

6.2.1.3 汉俄基本味觉词“酸/кислый”的隐喻模式对比

汉俄基本味觉词“酸/кислый”的隐喻模式对比如表6-1所示：

表 6-1　汉俄“酸/кислый”的隐喻模式对比

隐喻映射领域	汉语“酸”	俄语“кислый”
嗅觉域	+	+
视觉域	+	+
听觉域	+	+
触觉域	+	+
情感域	+	+
人物域	+	+
社会生活域	+	+
天气域	−	+

注：“+”表示有，“−”表示无。

通过表6-1对比可知，“酸/кислый”都可从味觉域向嗅觉域、视觉域、听觉域、触觉域、情感域、人物域和社会生活域映射；但只有“кислый”能向天气域映射。“酸/кислый”都可从源域——味觉域映射到嗅觉域、听觉域、视觉域、触觉域其它四种感官域中，构成整体通感隐喻。

汉语和俄语中的“酸/кислый”都可以用来形容食物的一种味道，也可以表示发酵变酸、腐蚀变坏了的东西。由于酸味本身就会带给我们一种刺激、无力和不适感，所以“酸/кислый”从源域（味酸）映射到目标域（其他生理感受和心理感受等）也多表达消极负面的含义。汉语中的“酸”常用来表示因男女关系而引起的嫉妒心理。而俄罗斯人认为爱情是有活力的、感动的、不可抗拒的一种强烈感觉，“кислый”映射到情感域，并没有嫉妒的含义，而是用来表达“平凡、忧郁、无精打采”的心理状态。“酸/кислый”映射到人物域，“酸”用来形容做作文人言谈举止的迂腐之态，而俄语中则无此用法，“кислый”用来形容人脾气不好，心情低落的情绪状态。汉语中“酸”隐喻映射的领域多是和个人相关的，但在俄语中“кислый”还能映射到天气、事情状态、局势等领域。俄语中使用“кислый”来隐喻天气或者气候不好，而汉语表示天气或者环境不好时常用“苦”，而不用“酸”。

6.2.2 汉俄基本味觉词“甜/сладкий”的隐喻对比分析

6.2.2.1 汉语“甜”的隐喻义

《现代汉语词典》（第七版）中对“甜”的解释是“像糖和蜜的味道”，这是“甜”的基本义。“甜”能给人带来愉悦的心理感受，因此甜味隐喻就和正面的情绪感受联系在了一起。“甜”的隐喻义，按照目标域映射分类总结整理如下：

（1）味觉域→嗅觉域

a. 雨后潮湿的土地发出甜丝丝的动人心脾的香气，平息了她那狂热的情绪。

“甜”映射到嗅觉域时，表示馥郁芬芳的气味，花香、果香、食物的香气等都赋予了“甜”的特征，是一种典型的通感式隐喻。

（2）味觉域→视觉域

a. 说着便对汪百龄看了一眼，笑笑，笑得很甜美。

“甜”映射到视觉域，用来形容看到美好的事物，让人感到舒服的音容笑貌，如：“甜美、甜蜜”等。

（3）味觉域→听觉域

a. 这些声音很熟悉，昨夜也不知对他说了多少甜言蜜语，诉了多少柔情蜜意，现在为什么全都变了？

好听的话语、动听的声音会给人带来听觉上的愉悦感受。“甜”可以用来形容歌声、语言，如“甜美”“嘴甜”等。甜言蜜语既可以指幸福美好，也可以指为了哄骗讨好别人而故意说虚伪好听的话。

（4）味觉域→触觉域

a. 神情陡然一转，她竟笑盈盈地面对他，毫无之前的懊恼模样，那轻浅笑容一如熏然甜软的春风，吹得人心脾沁爽极了。

“甜”映射到触觉域，可以用来形容春风拂面的美妙感觉。

（5）味觉域→情感域

a. 那回忆的甘甜与兴奋，促使我提起笔来，把女儿来到加拿大前后所经历的故事写出来。

“甜”映射到情感域，可以喻指抽象的情感，如成功、梦想、爱情等幸福美好的心理感受，表示幸福、舒适、美满、安稳的感觉。

（6）味觉域→人物域

a. 埃斯梅也说过：“我们决不让任何事情发生在你身上，甜心。”

“甜”映射到人物域，用来表达对爱人的亲昵。由于汉语受到英语文化的影响，现在对伴侣、心爱之人的称呼也会用“甜心”。

（7）味觉域→社会生活域

a. 霍英东是最早看到香港房地产发展与增值前景的人之一，也是最早起步的人之一，并从中尝到了甜头。

“甜”向社会生活域映射时，可以表达有关“利益”的隐喻义，如：“尝到了甜头”，需要说明的是“甜”在表示“利益”时，常常蕴含有讽刺贬低的意味。

6.2.2.2 俄语“сладкий”隐喻义

在俄汉词典中“Сладкий”的释义为：“Имеющий вкус,свойственный сахару, мёдуи т. п. ”，意思是表示甜的、甜蜜的、像糖或蜂蜜的味道。“Сладкий”常与以下食物连用，如“сладкие ягоды 甜浆果 、сладкое вино 甜（果）酒、сладкий пирог 甜馅饼”。“Сладкий”的隐喻义，按照目标域映射分类总结整理如下：

（1）味觉域→嗅觉域

a. Бесчисленные кусты роз — алых, розовых, чайных, белых — источали сладкий аромат. 无数的玫瑰花——大红色、粉红色、茶色、白色——散发着香甜的味道。

“Сладкий”映射到嗅觉域，表示香甜的味道，让人感到满足的愉悦感受。

（2）味觉域→视觉域

a. Круглые карие глаза смотрели откровенно нагло, а на губах играла самая сладкая улыбка. 圆圆的棕色眼睛非常地坦然，同时她的嘴角上挂着甜美的笑容。

“Сладкий”映射到视觉域，表示甜美的、亲切的、幸福的，常常用作修饰笑容或长相，还可以用来形容男性的长相。

（3）味觉域→听觉域

a. И весь день, всю ночь мой слух лелея, Про любовь мне сладкий голос пел. 一整天，我都听见有一个甜美的声音在歌唱。

“Сладкий”映射到听觉域，表示好听的、悦耳的声音，如сладкие звуки（娇声）、сладкая песня（好听的歌曲）、сладкая музыка（动听的音乐）等。

（4）味觉域→触觉域

a. Дует слабый, сладкий ветер, дремотно звенят кустарники. 香甜的微风吹过，灌木丛中传来令人沉醉的声音。

“Сладкий”映射到触觉域时，表示给人带来的愉悦感受。

（5）味觉域→情感域

a. О, мои сладкие воспоминания о счастливом и безоблачном детстве. 哦，我的童年都是幸福和快乐的回忆。

“Сладкий”映射到情感域时，用来表示美好的心情。甜味是人出生后最先接受和追寻的味道，喜欢吃甜食是人的一种本能，当人们吃甜食的时候会有欢欣愉悦的感觉。

（6）味觉域→人物域

a. — Вот что, мой сладкий, — Клаудиа снова загадочно улыбнулась, — поехали отсюда. ——告诉你吧，我的宝贝，克劳迪娅又神秘地笑了，我们离开这里吧。

“Сладкий”映射到人物域时，可以表示为сладкий ребеное（可爱的孩子），还可对孩子或情人表达亲昵的称呼时使用，如сладкий мой（我的小可爱）。

（7）味觉域→社会生活域

a. Все это погрузило меня в хорошую дрему, сладкий отдых. 这一切让我很快进入了梦乡，愉快的休息。

“Сладкий”映射到社会生活域，表示“情感得到满足，运势极佳，生活美好”，сладкая победа（期待的胜利）、сладкий отдых（愉快的休息）、сладкий сон（美梦）等。

（8）味觉域→状态域

a. Правда, у экипажа тральщика далеко не сладкая жизнь. 诚然，扫雷舰的船员们过着远非美好（甜蜜）的生活。

“Сладкий”映射到状态域，表示快乐、幸福、充满希望的事情或经历。

6.2.2.3 基本味觉词“甜/сладкий”的隐喻模式对比

基本味觉词“甜/сладкий”的隐喻模式对比如表6-2所示。

表6-2 汉俄“甜/сладкий”的隐喻模式对比

隐喻映射领域	汉语“甜”	俄语“сладкий”
嗅觉域	+	+
视觉域	+	+
听觉域	+	+
触觉域	+	+
情感域	+	+
人物域	+	+
社会生活域	+	+
状态域	–	+

注：“+”表示有，“–”表示无。

通过表6-2对比可知，“甜/сладкий”都可以从味觉域向嗅觉域、视觉域、听觉域、触觉域、情感域、人物域和社会生活域映射；但是只有“сладкий”能向状态域映射。“甜/сладкий”都可以从源域——味觉域映射到嗅觉域、听觉域、视觉域、触觉域四种感官域中，构成整体通感隐喻。

基于人类心理联想的共性，在汉语和俄语中“甜/сладкий”可映射到很多相同义域。“甜”在生理和心理上都让人感到满足，映射到社会生活域中的利益域时的感受是相似的，所以汉俄语中“甜/сладкий”都可以映射到利益域，表示在社会活动中获得的好处。不过汉语中“甜”还喻指“利益”，既可指单纯的利益表示褒义，又可以表示讽刺用作贬义，这种讽刺的用法在俄语中是没有的。俄罗斯的饮食习惯之一是在日常生活中喝茶、喝咖啡或者吃清淡的点心时，加一些糖，认为味道会更美。因此“加糖”就是“比正常更美好”的意思。体现在语言中，“сладкий”常常隐喻为幸福、快乐、美好的事情或经历。

6.2.3 汉俄基本味觉词“苦/горький”的隐喻对比分析

6.2.3.1 汉语“苦”的隐喻义

《现代汉语词典》（第七版）中对“苦”的解释是：“像胆汁或黄连的味道，跟甘、甜相对。”人们对于“五味”的感知能力中，苦味对人的味觉产生的刺激最为强烈，因此人们对于苦味的分辨能力也是最强的。“苦”的隐喻义，按照目标域映射分类总结整理如下：

（1）味觉域→嗅觉域

a. 药的味道闻起来既酸又苦，雷斯林喝下去的时候不禁皱起眉头。

“苦”映射到嗅觉域时，表示烧焦时所产生的刺鼻味道。因为苦味的物质不易溶于水，发挥性差，所以映射到“嗅觉域”时都要说明具体的气味载体，如：“药片、杏仁、特殊气体”等。

（2）味觉域→视觉域

a.“你一定把警方逼得发疯了。”他笑笑说，他不是对着她笑，而是有点像是对着自己苦笑。

所以味觉词“苦”可以从味觉域映射到视觉域，表示面部不愉快、痛苦的表情。

（3）味觉域→听觉域

a. 她需要一个能够一吐肚中苦水、帮助她拿定主意的人。

当人们经历了痛苦的人生体验后，和他人倾诉时的话语也变得有了“苦”味。

（4）味觉域→触觉域

a. 宝剑锋自磨砺出，梅花香从苦寒来。

“苦寒”是指在严寒天气下，身体在极端自然环境状况下受到刺激的不愉快感受，与品尝到“苦”味的感觉相通，所以味觉域映射到触觉域中的“冷觉”。

（5）味觉域→情感域

a. 他几次想写一些奔放的东西出来，总不能如愿，苦恼了好久。

“苦”向情感域映射时，表达人们心里忧愁难过的感受，如“苦恼”“痛苦”。

（6）味觉域→人物域

a. 我藏有一部佛学名著《名山游访记》，著者高鹤年是一位跋涉天下的佛教旅行家，他在1893年初春上庐山时，看见各处著名佛寺都还在，但各寺只有一二人居，皆苦行僧 。

“苦”映射到人物域，指称不同年龄和性别经历的痛苦和苦难。

（7）味觉域→社会生活域

a. 祖斐有种否极泰来、苦尽甘来的感觉，她仍然控制着情绪，但多日来的伤感一扫而空。

“苦”映射到社会生活域，形容痛苦的经历。“苦尽甘来”是指艰难困苦的时光已经过去，美好的光景到来了。两个反义味觉词同时出现的词语还有“苦尽甜来、忆苦思甜”等。

（8）味觉域→程度域

a. 谭端午在本科阶段苦读《资本论》时，曾多次登门向他求教。

“苦”在味觉上是一种相对极端的味道，映射到程度域时，表示某种极端程度。引申为副词，表示“有耐心地、尽力地”，如苦学、苦劝、勤学苦练等。

“苦”味属于人们天性中不太喜欢的一种味道，因此人们心理的诸般难过也都可以一言以蔽之——苦。

6.2.3.2 俄语“горький”隐喻义

在俄汉词典中“Горький”的释义为：“Имеющий острый, неприятный, едкий вкус, свойственный хине, полыни, горчице.”意思是特指像金鸡纳、艾草、芥末，不悦、有刺激性的一种味道。在汉语和俄语两种语言中，虽然代表“苦”和“горький”味道的物质有所不同，但表示关于食物“味”的感受方面是相似的，让人产生不愉悦的味觉感受是相同的。“Горький”的隐喻义，按照目标域映射分类总结整理如下：

（1）味觉域→嗅觉域

a. И в разреженном воздухе горький запах миндаля. 空气中，有杏仁的苦味。

“Горький”映射到嗅觉域，表示“气味苦涩”，常与表示该气味的物质名词连用，如горькое лекарство（很苦的药）。

（2）味觉域→视觉域

a. Горькая улыбка Классовского не выходила у меня из головы. 克拉索夫斯基的苦笑一直萦绕在我的脑海。

“Горький”映射到视觉域，表示由于痛苦所引起的、非常悲伤的样子。

（3）味觉域→听觉域

a. Не думал я на старости лет услышать от тебя такое горькое слово! 我从

未想过会在你这里听到如此伤人的话！

“Горький”映射到听觉域，表示悲伤的、痛苦所引发的声音，如горький звук（痛苦的声音）、горький вздох（痛苦的叹息）、горькая речь（伤心的话等）。

（4）味觉域→情感域

a. Когда в нём утихло горькое воспоминание, он подошёл снова к портрету. 当他平息心中痛苦的记忆后，再次走近了那幅画像。

“Горький”映射到情感域，表示内心充满痛苦的、艰难的、苦难的回忆或感觉。

（5）味觉域→人物域

a. Ты, видно, Даша, уж такая горькая зародилась, да вот и к нам-то несчастье принесла! 达莎，你天生就是个命苦人，也给我们带来不幸。

“Горький”映射到人物域，用来形容经历苦难和痛苦的、苦命的、不幸的人。

（6）味觉域→社会生活域

a. Абдуллаева ждала горькая судьба никому не нужного инвалида. 阿布杜拉耶夫作为一个无用的废人，等待他的是痛苦的命运。

“Горький”映射到社会生活域，表示悲惨痛苦的情况或遭遇。用作名词时“горькая，горькой”专指伏特加酒，在俄罗斯婚礼上有众人高呼“горький”，让新郎、新娘亲吻的习俗。

6.2.3.3 基本味觉词“苦/горький”隐喻模式对比

基本味觉词“苦/горький”的隐喻模式对比如表6-3所示：

表 6-3　汉俄“苦/горький”的隐喻模式对比

隐喻映射领域	汉语“苦”	俄语“горький”
嗅觉域	+	+
视觉域	+	+
听觉域	+	+
触觉域	+	–
情感域	+	+

（续表）

隐喻映射领域	汉语“苦”	俄语“горький”
人物域	+	+
社会生活域	+	+
程度域	+	−

注：“+”表示有，“−”表示无。

通过表6-3对比可知，“苦/горький”都可以从味觉域向嗅觉域、视觉域、听觉域、情感域、人物域、社会生活域映射；但是在向触觉域和程度域映射方面有所不同。

味觉词“苦/горький”的隐喻义都很丰富。人们普遍认为“苦”味是一种不让人愉快的味觉体验，这与人类内心忧伤和悲痛的情感表达具有相似性。在特定的事件、环境、原因下，用“苦/горький”来表示生活的艰辛、痛苦的感觉、悲惨的经历。在中国文化中，过来人会鼓励年轻人直面“苦”，“吃苦耐劳”被看作是人的优良品质之一，“苦”常含有磨炼的意味，如“苦尽甘来”“先吃苦后成才”等。所以“苦”也被用来形容投入大量的时间精力、坚韧的毅力去做某事，如苦差事、埋头苦干、苦功夫等。与之相反，在俄语中“горький”与具体意义的词搭配时，通常只强调这件事情的消极因素或负面影响，如горький вздох（痛苦的叹息），горькая несправедливость（令人痛苦的冤屈）等。在中国用“苦”来形容恶劣的天气，如疾风苦雨。俄语中“горький”可以指姓氏、伏特加酒，与婚礼习俗有关，都体现了独具特色的俄罗斯风情与文化。

6.2.4 汉俄基本味觉词“辣/острый”的隐喻对比分析

6.2.4.1 汉语“辣”的隐喻义

《现代汉语词典》（第七版）中对“辣”的解释是：“指热觉与痛觉的混合，像姜、蒜等的刺激性味道。”关于“辣”的隐喻义，按照目标域映射分类总结整理如下。

（1）味觉域→嗅觉域

a. 从不知在何处的厨房传来锅铲碰撞的声音和炖大蒜的香辣味。

“辣”映射到嗅觉域，表示强烈的、刺鼻的味道。

（2）味觉域→视觉域

a. 他脸上热辣辣的，觉得自己是个骗子，这样想着的时候，他就觉得没有面目再回村去，再像往日一般站在那些熟识的朴质的人们面前，坦然接受他们的尊敬和热望的眼光。

“辣”映射到视觉域时，用来形容人的目光和神色。当被人用犀利的、殷切的目光一直盯着看时，被看的人脸上甚至是整个身体就会不自觉地感到发热、发烫。人们吃“辣”时的生理反应与这种感受非常相似，所以用“热辣辣”形容殷切、犀利的目光。

（3）味觉域→听觉域

a.“马先生，马威是怎么回事？！”她干辣辣地问。“我来，……”

“辣”映射到听觉域，指声音的某种典型特征。“干辣辣”用于形容干涩的声音。

（4）味觉域→触觉域

a. 这里，阳光热辣辣地晒在他的脸上，一只布谷鸟打一株山楂树里叫着。

“辣”映射到触觉域，表示刺痛和灼热的感觉。

（5）味觉域→情感域

a. 尤其是那个地主的儿子谢家骥，竟然拿着大喇叭冲到面前，狂妄地高喊着叫他们“缴枪投降”，郭祥至今想起来还觉得心头火辣辣的，不能忍受。

“辣”映射到情感域，表示热烈兴奋的情绪体验或欣喜激动的心理状态。

（6）味觉域→人物域

a. 不过在后来的一两年，红双子已经成了那一派中最显赫的女性，泼辣得出乎所有人的意料。

“辣”映射到人物域，指豪爽、果断、厉害的人。“泼辣”形容豪爽、果断、魄力十足的人，具有褒义色彩。我们吃太过于辛辣的食物后，脸色会变得通红，这与人生气发怒时的生理反应相似，让人联想到凶狠蛮横，发展出易怒、狠毒、恶毒的含义，所以用来形容女性时含有贬义色彩。

（7）味觉域→社会生活域

a. 他的毒辣的手段好像都留着对敌人施用呢。

“辣”映射到社会生活域，表示厉害或狠毒的态度、做法、手段，兼有褒贬两义。“辣手、泼辣”表示办事干脆、果断，“老辣”喻指办事老练、经验丰富，具有褒义色彩；“毒辣”表示手段狠毒残忍，呈现出明显的贬义色彩。

（8）味觉域→语言域

a. 台上，她辛辣地刺讽各种包装作假现象；台下，她坚持做平常人、说平常话、保持一颗平常心。

“辣”映射到语言域，表示犀利或热情的语言。辣味的刺激让人感到感官刺痛、难以下咽，同时也让人产生一种令人不舒服、难以接受的心理感觉。

（9）味觉域→气象域

a. 时近中秋，正午的太阳依然热辣辣的。

“辣”映射到气象域，表示高温、酷热的天气条件。

6.2.4.2 俄语“острый”隐喻义

“Острый”为形容词，本义是指尖的，锋利的，快的，如острая игла（尖的针）。表示味觉辛辣的、刺激性强的，是其引申用法，如острый запах（辛辣的气味）、острые блюда（有辣味的菜）。关于“Острый”的隐喻义，按照目标域映射分类总结整理如下：

（1）味觉域→嗅觉域

a. Город встретил нас острым запахом рыбы, ревом корабельных гудков и слепяще ярким солнцем. 这座城市以刺鼻的鱼腥味、船只的轰鸣声和刺眼的阳光迎接着我们。

“Острый”映射到嗅觉域，表示嗅觉上感受到强烈的、刺鼻的味道。

（2）味觉域→视觉域

a. С порога я перехватил его острый взгляд, воткнувшийся в меня. 从一进门，他就用犀利的目光盯着我。

“Острый”映射到视觉域，表示锐利、犀利的目光。

（3）味觉域→听觉域

a. Вмешалась Оттилия, у которой был острый слух. 奥蒂利亚打断了他的话，隔墙有耳（他有敏锐的听力）。

由于“острый”给人的感官以强烈的刺激感受，因此映射到听觉域，表示语言的尖酸刻薄、辛辣讽刺。

（4）味觉域→触觉域

a. Меня опьянили эти синеватые содрогания, легкий и острый холод. 在让人感到刺骨的寒意中，我冻得瑟瑟发抖。

“Острый”映射到触觉域，表示极端的、刺骨的感觉。

（5）味觉域→情感域

a. Миша видел его гримасу и почувствовал в сердце острый укол обиды. 米沙看到他的表情，心里充满了怨恨。

“Острый”映射到情感域，表示某种强烈的思想感情。

（6）味觉域→人物域

a. Ну, хошь бы на соль⋯ Князь Волконский, острый умом старец, ответст во-вал: — На лапти еще налогу нет⋯ 好吧，如果只是在盐上征税……沃尔孔斯基王子，有智慧的老人说道：“还没有对面条征税呢。”

“Острый”映射到人物域，表示敏锐的，有能力了解事情真相的人，是对人的赞美，具有褒义色彩。

（7）味觉域→社会生活域

a. Кроме необходимости увеличения бюджетов мы обсуждаем и острый в опрос пиратства. 除了需要增加预算外，我们还讨论了盗版这一棘手的问题。

“Острый”映射到社会生活域，表示棘手的、尖锐的、复杂的问题。

（8）味觉域→语言域

a. В таких случаях надо иметь острый язык и быстро соображающую гол ову. 在这种情况下，你必须机智应答、快速思考。

“Острый”映射到语言域，表示口齿伶俐的人说出的机智的语言，还可以指辛辣的批评，俏皮的玩笑话。

（9）味觉域→程度域

a. Просто оно стало — если смотреть сбоку — похожим на острый топор. 从侧面看——它就像一把锋利的斧头。

“Острый”映射到程度域，表示锋利的、尖锐的、强烈的。

（10）味觉域→生理域

a. Попробовала — и не смогла. Острая боль ударила как ножом. Я вскри кну- ла. 我试过了，但我做不到。这种感觉像是刀子在刺一样，我忍不住哭了出来。

“Острый”映射到生理域，表示生理感受上的剧痛。

6.2.4.3 基本味觉词“辣/острый”的隐喻模式对比

基本味觉词“辣/острый”的隐喻模式对比如表6-4所示：

表 6-4　汉俄“辣/острый”的隐喻模式对比

隐喻映射领域	汉语“辣”	俄语“острый”
嗅觉域	+	+
视觉域	+	+
听觉域	+	+
触觉域	+	+
情感域	+	+
人物域	+	+
社会生活域	+	+
语言域	+	+
气象域	+	−
程度域	−	+
生理域	−	+

注：“+”表示有，“−”表示无。

通过表6−4对比可知，“辣/острый”都可以从味觉域向嗅觉域、视觉域、听觉域、触觉域、情感域、人物域、社会生活域和语言域映射；但是在向气象域、程度域和生理域映射方面有所不同。味觉词“辣/острый”都可以从味觉域映射到嗅觉域、视觉域、听觉域、触觉域四种感官域中，构成整体通感隐喻。

由于汉语和俄语中“辣/острый”带给人强烈刺激性的身体经验基本相同。“辣/острый”从味觉域向嗅觉域、视觉域、听觉域、触觉域、情感域映射时，都是指某种感官感受到强烈刺激的感受或情感体验。但“辣/острый”在映射到人物域时，汉语中的“辣”既可以指火爆易怒的脾气，又可指豪爽、泼辣的性格特征。俄语中“острый”用于形容人刻薄的性格，机智的状态，机智聪明的人。“辣/острый”映射到语言域时，汉语中的“辣”只表示语言上的挖苦讽刺，俄语中“острый”的意义更为多样，既可以指语言上的讽刺，挖苦的话，还可以表示俏皮的笑话。俄语中“острый”映射到生理域时可以用来表示人身体受到损伤时的疼痛程度，但汉语中的“辣”则无此用法。

汉俄基本味觉词的隐喻体现了同异共存的隐喻模式关系，反映了中华民族和俄罗斯民族对味觉词的认识，隐喻的差异之处被赋予了丰富的民族文化内涵。汉俄基本味觉词都可以从源域——味觉域映射到视觉域、听觉域、嗅觉域、触觉域的目标域中，构成全域通感隐喻。汉俄基本味觉词还可向情感域、社会生活域、程度域等领域映射，体现了中华民族和俄罗斯民族对于味觉词的认知都具有高度的抽象性和概括性。

6.3 汉俄基本味觉词隐喻异同探因

在研究语言问题时，不仅要研究语言现象，更要对蕴藏在语言现象背后的原因进行探究。本章对汉俄基本味觉词隐喻相似性和差异性的原因进行探析。

6.3.1 汉俄基本味觉词隐喻相似性原因探析

从客观角度分析，味觉词表达了相应的味觉概念，具有指称味觉概念所表达的客体特征。在汉俄基本味觉词隐喻中，同类味觉词隐喻意义相似，或者基本义不同的味觉词具有相似的隐喻义都可看作两种语言隐喻的相似性。例如：“甜 /сладкий”都可以向心理域映射，表示快乐、幸福、满足的积极的意义，俄语“кислый”和汉语“苦”都可以向天气域映射，表示恶劣的天气状况，都属于两种语言隐喻的相似性。下面，我们对汉俄基本味觉词隐喻相似性的原因进行探析。

6.3.1.1 物质基础的相似性

物质决定意识，人类的意识、认知能力都是随着我们与客观世界的互动产生的。人类与自然界客观环境之间存在着种种互动，这些互动既包含实践经验，也包含认知经验。人类生存于同一客观世界，在物质环境、地理环境以及气候环境方面存在着许多共同之处，因此在汉俄基本味觉词隐喻认知方面当然也会存在相似性。

6.3.1.2 生理机能的相似性

隐喻不光是一种语言现象，更是人类认识世界的方式和手段。隐喻产生于我们的实践活动与身体经验，同样也源于我们的生理机能。人类的身体结构与生理特征基本相似，又生活于同一客观世界之中，因此会产生相类似的生理特征与反应，形成某些相似的认知。人类的情感作用于相似的生理基础就会产生相近的心理效应，从而获得相似的情感体验。由于人类具有共同的生理机制和心理机制，所以人类味觉的感受大体一致。这是形成汉俄味觉词隐喻的重要基础，体现在语言中，就产生了基本相同或十分相似的隐喻结构。因此，人脑工作反应机制的共性使得人类在表达抽象的情感概念时会使用相同或者相似的隐喻。

6.3.1.3 认知过程的相似性

从认知角度出发，我们发现人类的推理、心智思维及语言等都是从身体的体验认知中逐步形成的。最初对味道的认识是通过直接品尝，而对味道的了解，特别是让某种食物获取人类需要的、喜欢的味道，则是在长期的饮食与实践经验中累积获得的。人类在了解各种味道的特性后，将这些特点与社会中的种种现象联系到一起，发现有共通或者相似之处，语言使用者再运用抽象思维将这些相似之处进行概括、提升、抽象，把味觉（源域）的特征映射到人类自身或其他域（目标域）中，便形成了味觉词隐喻。总体来看，中华民族和俄罗斯民族拥有共同的认知基础，因而不管是对味觉的具体认知，还是抽象概括，都形成了相似的基本味觉词隐喻。

6.3.2 汉俄基本味觉词隐喻差异性原因探析

汉俄基本味觉词隐喻映射可由源域——味觉域映射到其他目标域，成为表达感受或者说明非味觉域的重要手段，但味觉词隐喻映射的使用也存在较大的差异。

6.3.2.1 地域环境的影响

自然环境是培育形成一种文化的最初土壤。味觉词的产生和隐喻义的扩展与本民族的地理位置、气候条件和周边环境等关系密切。中国幅员辽阔，地貌复杂，气候多样，因而各地的饮食习惯和口味偏好也有很大的差别。中国素有“南米北面，南甜北咸，东辣西酸”的饮食文化差异，同时也映照出地理环境对人们口味的影响。《易经》的“阴阳五行”学说深刻地影响了中国人的思维方式，也体现在中国人的饮食文化中。“阴阳五行”认为万事万物相生相克，想要达到人体环境“阴阳平衡”，偏好“酸、甜、苦、辣、咸”任何一种都是无用的，饮食上必须注重五味调和，因此中国人并不把“甜”视为至味，在膳食结构上还主动食用一些“苦”的食物，比如苦瓜、苦菊等。中国饮食文化博大精深，菜肴讲究“色香味”俱全，味道中讲究“五味调和”。传统的“五味”演变出了丰富多彩的中国味道，也让中国人在面对不同的人生境遇时，找到了在味觉上的表达方式，“人生的酸、甜、苦、辣都得尝一尝”。厨师的最高技艺就是调和平衡五味，不让其中的某一种格外突出。这也是中国人在为人处事中所追求的理想境界——中庸之道。

俄罗斯幅员辽阔，大部分国土位于高寒地区，所以气候异常寒冷，冬长夏短，自然环境复杂恶劣。这就要求菜肴量够、油重、热乎，俄罗斯菜肴被称为“俄式大菜”。俄罗斯人一日三餐除主食面包、土豆、洋葱外，还有牛肉、羊肉、猪肉、牛奶、蔬菜、黄油、乳酪等脂肪含量很高的食物。俄罗斯在高寒地区，除了需要吃高热量食物来抵抗寒冷还需要甜食。甜食中的卡路里含量高，可以增加热量，抵御漫长冬季的严寒天气，维持正常的身体需要。俄罗斯人在吃甜食上不分男女老少，心情不好了，吃点甜食开心一下，心情好了，吃点甜食庆祝一下。俄罗斯的饮食习惯之一是在喝茶、喝咖啡或吃比较淡味的点心时，加一些糖，认为味道会更美。因此“加糖”就是“比正常更美好”的意思。体现在俄语中“сладкий（甜）”常常隐喻为幸福、快乐、美好的事情或经历，如сладкие случаи（幸运的机遇）、сладкая реальность（幸福的事实）、сладкий отдых（愉快的休息）等。

地域环境、气候条件、物产资源以及在此基础上形成的生产生活方式极大地影响了中华民族和俄罗斯民族的饮食结构和味觉偏好。俄罗斯民族多以肉蛋奶等食品为主食，而中华民族主要以粮食和蔬菜为主食。地域环境造成了饮食文化差异，最终导致了味觉词的隐喻差异。

6.3.2.2 历史的影响

中华民族和俄罗斯民族历史悠久，两种语言中的很多词汇的语义都是在历史的演变中形成的，其中也包括味觉词汇。“拈酸吃醋”的意思是情人间由于亲密关系而产生的嫉妒心理。最有名的一种说法源于房玄龄夫人善妒的典故：唐太宗时期，房玄龄位高权重，是唐太宗得力的助手。唐太宗想要赏赐美人给功臣做妾，房玄龄断然不肯接受，因为房夫人善妒。唐太宗想要灭一灭宰相夫人的威风，就赏赐了一壶“毒酒”，是接受小妾还是饮下毒酒必须二选一，结果房夫人直接将“毒酒”喝得干干净净。好在那“毒酒”只是一壶浓醋，房夫人并未因此丧命，皇帝最终收回了成命。后世就用“吃醋”来形容妇人的嫉妒之心。而“酸”最早的本义为“醋”，于是由“醋意”联想到“酸”。原意指因男女之情而引起的“妒忌”，后意义范围扩大至“嫉妒之情”。“酸”映射到情感域，用来表示负面的心理感受，在语言的使用过程中，渐渐固化为“死隐喻”。

俄语“сладкий（甜）”由味觉域映射到视觉域时，既可以用来修饰女性、又可以形容男性的外貌。汉语中几乎看不到这种用法，中国人用“甜美”形容女孩子长得秀气娇美，而用“阳刚英俊”等词语来形容男性的长相，这是因为认知方式的差异导致了隐喻义的差异。

6.3.2.3 社会文化的影响

“两耳不闻窗外事，一心只读圣贤书”—— 整天坐在书斋里，只为了求取功名利禄、呆板、迂腐的读书人形象和“酸”味一样都让人感到难受，于是

“酸”成为中国古代迂腐读书人的代名词。汉语中的基本味觉词“酸”映射到“人物域”，这一隐喻用法与古代中国的社会氛围有关。在中国古代，个人实现个体价值和人生理想的最佳路径就是“学而优则仕”，但那时的考试制度却让很多人只会读死书，死读书。“酸秀才”就刻画了鲜明生动的人物形象。

“Горький（苦）”在俄语中会让人联想到婚礼的习俗，在18—19世纪，俄罗斯姑娘们的婚事是听从于父母之命，其中有些父母就会将女儿嫁给有钱的糟老头儿，甚至姑娘们在婚前都不知道自己未来的丈夫长什么样子。在婚礼典礼前夕，待嫁的姑娘在家以泪洗面，依依不舍。婚礼当天，对新娘来说是十分痛苦的一天，所以宾客们在婚礼上会高喊“горько！”，新娘从此告别少女时代，迈入不知是苦多还是甜多的婚姻生活。而汉语中人们说到“苦”则会联想到苦尽甘来，这是因为社会制度和价值观念引发不同的隐喻。

6.4 基本味觉词的习得偏误及教学建议

偏误（error）是指二语学习者在学习使用语言时不自觉地对目的语的偏离。偏误分析（error analysis）是通过探究偏误产生的原因，尽可能了解学习者的中介语体系。在偏误分析基础上对学习者可能出现的偏误进行预判，帮助教师改进教学手段和方法，更有针对性地开展教学工作，学习者也能够明确学习的重点和难点提高学习效率，因此偏误分析对教学效果的提高有着重要的推动作用。

6.4.1 俄罗斯学生味觉词习得偏误

结合HSK动态作文语料库、全球汉语中介语语料库和教学实践中的相关语料，筛选出俄罗斯籍、母语或第一语言为俄语的留学生味觉词习得偏误，对偏误类型进行归纳，并尝试分析偏误出现的主要原因。我们将偏误分为五类进行讨论：

第一，造新词。

病苦、苦点。

学生在刚刚学习一门语言知识时，往往容易“望词生义”。学生刚刚学习了味觉词“苦”是一种不太令人舒服的感觉，如果生病很难受，那就说“病苦”，只有一点不舒服，那就说“苦点”等。出现这类偏误的原因，是学生“望词生义”，缺乏隐喻思维，在习得目的语的过程中，将目的语规则泛化：主观上对味觉词理解了，虽然可以猜测理解其含义，但是并不规范。

第二，语序错误。

从那时候到现在他（吃苦了好多）吃了好多苦。

语言学习中，语音、词汇、语法的学习都应该被重视，学习者才能更好提高语言水平和语言能力。“了”的语法意义为：放在动词或形容词后，表示动作或变化已经完成。形容词放在名词前，加以修饰和限定，这里“苦”是名词用法，“多”用来修饰和限定“苦”，所以应改为：“吃了好多苦。”学生出现这类偏误的原因可能是由于语法知识缺失、对语用规则不了解，或者失误造成的。

第三，词义混用。

a. 学习汉语的困难（苦难）有四方面，有四个难点：第一是学好写法；第二是学会声调；第三是记住（主）汉字的意义；第四是知道说话的时候怎么用。

b. 不治之症真让人（吃苦）痛苦，也让他们的亲人（吃苦）痛苦。

“吃苦”“苦难”“痛苦”都是与“苦”相关的词汇。“吃苦”指承受痛苦或苦难。亲人们承担了苦难，表达的意思是“痛苦”。应该将“吃苦”改为“痛苦”。学生出现此类偏误的原因，一是对词的意义没有明晰，二是隐喻映射的范围不同，前文列举了“苦”的常用映射域，学习者未能掌握其使用范围，搭配错误，从而导致缺乏近义词辨析能力。

第四，隐喻用法的差异。

“心酸、眼酸、鼻酸”。

出现“心酸、眼酸、鼻酸”的习得偏误，是由于俄语为母语的学习者没有掌握汉语中“酸”与身体部位连用时的隐喻义可以表示“疼”的意思，也没有用“鼻子”来形容心理感觉的意识。

第五，错字。

a. 我认为运动是一件非常不容易的事，运动员的生活是非常坚(艰)苦的，他们从小就开始（锻炼）段练。

b. 根据《“安乐死”风波》这一段短文，我们可以看到，对这问题每个人提出了不同的意见，一些人认为丈夫杀了妻子，但我的想法是在这情况(下)他帮了自己的妻子避免很多（痛）同苦。

c. 我第一次来中国的时候，我一个字也不认识，连一句汉语也不会说，那时候我体会学习汉语有多么（辛）苦。！

学生出现此类问题的偏误原因，一是缺少练习，没有学会正确地书写汉字，二是对有些留学生来说，认为只要会说汉语就行，不需要写汉字，这一错误认识造成了汉字书写错误。

6.4.2 味觉词教学的建议

6.4.2.1 重视味觉词的教学

《新HSK词汇大纲》（2013版）中收录的基本味觉词及其隐喻词汇共有13个，《国际中文教育中文水平等级标准》（2021版）中收录的基本味觉词及其隐喻词汇总数为31个。这说明，随着时间的推移，学习者对词汇习得的数量和质量要求越来越高，基本味觉词及其相关隐喻词汇的数量也有所增加。词汇教学是汉语国际教学中的重点，目前广泛使用的大多数教材中，词汇教学一般被放在综合汉语教学中。“味觉词”在教材中的分布零散，不成系统，文末给出的生词表数量有限，不方便学生的课后练习和巩固提高。

6.4.2.2 进行分层次教学

味觉词在教材中的安排不具有层次性，只要介绍中国的饮食文化，为了彰显中国饮食文化的丰富多样，吸引留学生的兴趣，一定会涉及介绍中国的八大菜系和各地特色名菜，味觉词通常会和 “香、鲜、蒸、麻、辣、煎、炸、炖、炒、烹、煲”等词语一起出现。但对于初学者来说，过多的专业词汇就像天书一样，只会让汉语学习者晕头转向，兴趣全无。

《新HSK词汇大纲》中的词汇等级分为六级，味觉词的难度随着词汇等级的提高呈上升的趋势。味觉词在词汇等级大纲中的分布特点，说明不同阶段的学习有不同的要求。对于初级阶段的学生来说，只需了解味觉词，因此老师只需讲授基本义。到了中、高级阶段，大纲中需要学习的隐喻词汇逐渐增多，学生也有了一定的词汇量，老师在教学过程中可以逐步在本义的基础上增加隐喻义。例如，首先学习“苦”本义是“像黄连一样的味道”，然后可以讲解味觉词映射到不同领域的隐喻义。

6.4.2.3 培养学生的隐喻思维

语素是最小的词汇单位，但合成词的词义并非是语素义的简单相加，经常是通过隐喻等方式引申出来的。例如，“这个世界上有女人不吃饭，但绝没有女人不吃醋”。如果用“语素分析法”分析时，就会理解为“吃醋”是品尝一种调味品，而不会想到这里是指男女感情关系中的嫉妒心理。这类在母语者看来司空见惯、很容易理解的词语，对于刚接触这些词语的语言学习者来说理解较为困难，他们往往只通过语素义来猜测词义，很容易出现误用的情况。因此，在汉俄基本味觉词对比分析的基础上，培养学生的隐喻思维，有助于教会学生用味觉词语推测出大致的语义色彩，用这类词来表达自己对于“味觉域”之外的感受，对中国人的思维方式有更深入的了解。

教师可以用文化比较的方式，对中俄基本味觉词中的隐喻义进行对比教学。比如在教授“酸秀才”一词时，教师可以向学生介绍一些文学、历史、制度等方面的文化常识，介绍鲁迅小说中的代表人物“孔乙己”。还可以向学生介绍“五味调和”“拈酸吃醋”“苦肉计”等词汇背后的历史渊源，激发学生对中国文化的好奇心，提高学习兴趣。

在汉语中既有“哑巴吃黄连——有苦说不出”，又有“良药苦口利于病”的表达。黄连的味道让人联想到吃药时的感受，但“苦”药却对治疗疾病很有用，引申义为人们要虚心接受别人的建议。几千年来，中华民族形成了坚毅的民族性格和辩证思维，认为“苦难”是人生中的必经之路，只有勇于接受并且努力克服“苦”，最终会迎来“甜”的喜悦。汉语中“苦”和“甜”丰富的引申义，都是需要向学生重点强调的。

6.4.2.4 运用词义对比法

中国丰富的饮食文化为味觉词的教学提供了得天独厚的条件。但汉语国际教学中缺乏专门的词汇课程，教材中的词汇数量有限，有时也脱离生活实际。在学习“味觉词”时，含有语素“苦”的近义词居多，容易误用，可以通过词义对比的方法，帮助学生更好地掌握这些词语的用法，减少甚至是避免偏误现象的出现。例如，与“苦”相关的隐喻词汇“辛苦”“苦难”“刻苦”的词义对比见表6-5：

表 6-5　与“苦”相关词汇的词义对比表

词汇	映射域	隐喻义
辛苦	情感域	工作、劳动疲倦的感受
苦难	生活域	灾难和痛苦
刻苦	程度域	肯下功夫，不怕困难

根据上表可知，“辛苦”的映射域是情感域，表示工作、劳动疲倦的感受；“苦难”映射域是生活域，表示灾难和痛苦；“刻苦”映射域是程度域，表示不怕困难，肯下功夫。还可采用母语和目的语词义对比的方法，让学生了解并真正掌握味觉词的隐喻义，以在实际应用中减少偏误现象的发生。

第 7 章　留学生饮食类词汇隐喻认知研究

7.1 引言

现代汉语中，饮食类词汇是语言教学中的常用词汇，在日常生活中应用广泛，其隐喻意义间有很强的关联性并具有丰富的搭配方式。莱考夫、约翰逊（Lakoff & Johnoson）认为隐喻存在于语言中、存在于语境中，是一种随处可见的现象。束定芳（2000）通过分析中外词典中隐喻的不同定义，提出隐喻是一种认知现象，也是一种语用现象，是不同语义领域的互动。王寅（2007）对隐喻定义进行总结归纳，提出隐喻过程就是认知主体通过推理将一个概念域映射（map）到另一个概念域，从而使语句具有隐喻性，词汇的隐喻义是通过跨概念域映射过程后所形成的映合（mixing）结果。与隐喻常出现的另一个术语——转喻，是以事物间的邻近性为基础，通过发掘事物本身的特征，来代表其他事物一般的功能，二者都是人类认识客观世界的思维工具，依托语言来表达对客观世界的认识。二者之间存在着“隐喻-转喻连续统”形式，即二者“共存”形式。

本章所述隐喻，不仅要基于事物间的相似性，还要包含“隐喻-转喻连续统”的过渡形式。例如“吃食堂”，其意义是“吃食堂（的饭）”，其中宾语发生了细化，由地点具体为地点内的食物，发生了隐喻-转喻界限不明的情况，本章统归在隐喻视角下进行分析。

7.2 隐喻饮食类词汇的界定及选词范围

7.2.1 隐喻饮食类词汇的界定

蔡基刚（2008）提出明确的定义，认为隐喻词要满足两点，一是被词典收录，二是能够表达不同于或违反字面意义的词，并且认为孤立的词可以进行隐喻。

笔者认同蔡文观点，将表饮食意义的语素或词组成的、与人类饮食活动密切相关的词汇归为汉语饮食类词汇。这部分饮食类词汇中在使用过程中未使用本义，而是使用其引申义且能表达不同于本义的词，因此归为隐喻饮食类词范围。同时从隐喻饮食类词的划分角度，将其细分为食材类、饮食动作类、饮食器具类、烹饪方式类、饮食食味类。《现代汉语词典》（第7版）中对“饮食”定义为：（1）吃的和喝的东西；（2）指吃东西和喝东西。“食”除表示“粮食、饭食、食物的通称、吃”等常规义项外，还表示“背弃、享受、亏损”等义项。例如，吃亏、吃不消、吃不住等，这些义项已经超出了饮食的词义，按义项分类并不属于饮食类词汇范畴。但这些与饮食无关的词语，是由饮食词语引申义投射，可依据源域去推导其目标域中的隐喻含义，所以本章也将其归在饮食源域内进行考察与分析。胡壮麟（2004）认为人类认知中存在互相联系的中心范畴。人们在认识世界时，通过回顾以往经验，利用事物间的相似性、相关性或差别性，描述新事物。其中的概念逻辑就构成了人类认知世界的中心范畴，即根隐喻。由根隐喻派生出的范畴，为派生隐喻。其中“吃亏、吃不消、吃不住”都是由“吃”引申而出，“吃”是中心范畴，为根隐喻，由其派生出的词汇称为派生隐喻。

因此，本章所述的隐喻饮食类词，一要满足蔡文中隐喻词的定义，使用时不使用本义，而是使用其引申义且能表达出不同于本义的释义；二是能够划分到食材类、饮食动作类、饮食器具类、烹饪方式类、饮食食味类等类别，以论述说明隐喻在词汇中的具体发生机制；三是由单个隐喻饮食类词（或者称为本身具有隐喻义的根隐喻词）派生出的派生隐喻词，均界定为隐喻饮食类词汇进行归类与分析。

7.2.2 隐喻饮食类词汇的选词范围

本章以《汉语水平词汇与汉字等级大纲》（以下简称《大纲》）为研究对象，根据上文隐喻饮食类词汇的界定，从《大纲》8 822个词语中筛选出44个隐喻饮食词。将其按照隐喻的句法构成特点，分为名词性隐喻、动词性隐喻、形容词性隐喻。具体分类见表7-1、表7-2、表7-3：

表 7-1 《大纲》中名词性隐喻饮食词汇统计情况

类型	词汇	级别	数量
名词性隐喻	饭、菜、刀、碗、	甲级	18
	蛋糕、蛋、西瓜、锅、刀子	乙级	
	坏蛋、辣椒	丙级	
	大锅饭、饭碗、铁饭碗、笨蛋、完蛋、芝麻、苦难	丁级	

表 7-2 《大纲》中动词性隐喻饮食词汇统计情况

类型	词汇	级别	数量
动词性隐喻	吃	甲级	13
	吃惊、吐（tǔ）、吐（tù）、尝	乙级	
	吞、吃亏、吃苦、炒、煎	丙级	
	捣蛋、开刀、尝试	丁级	

表 7-3 《大纲》中形容词性隐喻饮食词汇统计情况

类型	词汇	级别	数量
形容词性隐喻	酸、苦、辛苦	甲级	13
	痛苦、刻苦、艰苦、甜	乙级	
	吃力、贫苦、辣	丙级	
	苦恼、困苦、穷苦	丁级	

7.3 《大纲》中饮食类词汇的隐喻考察

7.3.1 源域分类标准

赵守辉（1991）从饮食和文化角度，将汉语的“吃”分为：吃的味道、吃的过程方式、吃的工具和吃的对象。赵志强、王冬梅（2003）将饮食词语的隐喻转义分类为：（1）以饮食中的“味道”及主体的“味觉评价”为源域的隐喻转义；（2）以饮食动作为源域的隐喻转义；（3）以饮食状态为源域的隐喻转义。根据学者们的分类，并参照楚艳芳《汉语饮食词汇研究》一书中的详细划分，本章将用于研究的隐喻饮食词汇分为：

（1）食材类词汇

（2）饮食器具类词汇

（3）饮食动作类词汇

（4）烹饪方式类词汇

（5）饮食感觉类（食味）词汇

7.3.2 不同源域的饮食类词汇隐喻分析

根据莱考夫、约翰逊（1980）概念隐喻的定义及蔡基刚（2008）隐喻词的定义，以《现代汉语词典》中的释义为依据，筛选出《大纲》中44个隐喻饮食词汇用于论述研究。再参考《新汉语水平考试大纲》《国际中文教育中文水平等级标准》、北京语言大学HSK动态作文语料库数据等，将其中与《大纲》隐喻饮食类词汇相关的词汇也作为分析用词，用于考察隐喻分类及语义发展，揭示其隐喻发展机制。

7.3.2.1 以食材为源域的隐喻认知分析

胡壮麟（2004）注意到，在人类的认知观念中，存在着互相联系的中心范畴，这与人们认知世界的方式有关：人在认识新事物的时候，本能地运用以往的经验，对新事物进行认知，发现新事物与以往经验间的相似性、相关性或差异性，而构成人类认知世界的中心范畴，就是隐喻的概念逻辑，即根隐喻。

谷化琳（2002）提出人类通过隐喻的相似性来认知周围世界经过三个阶段：第一阶段是根隐喻阶段，是认知的基础；第二阶段是派生隐喻阶段，是认知的中介；第三阶段也是派生隐喻阶段，是认知的最高形式。束定芳（2000）对此解释：派生隐喻是根隐喻的外部表现形式，是从根隐喻派生而来的。莱考夫和约翰逊（1980）将这类隐喻称为隐喻概念。姚达婷（2012）认为根隐喻在汉语和英语中都是共通的，有助于学生系统学习。可见，根隐喻是构成隐喻的基础，《大纲》中以食材为源域的词汇共11个，其中有些隐喻词是由词本身带有隐喻义项而形成，有些出现在特定的俗语中而形成隐喻词汇，这些词从“食材”的概念域可以引申到事件、人的行为等概念域。我们将其中的单音节词视为根隐喻，由其组成的多音节词视为派生隐喻，可分为4个小组进行分析：

①包含饭的词汇：饭（甲级）、大锅饭（丁级）

②包含菜的词汇：菜（甲级）

③包含西瓜（乙级）、芝麻（丁级）的词汇

④包含蛋的词汇：蛋（乙级）、坏蛋（丙级）、笨蛋（丁级）、完蛋（丁级）、捣蛋（丁级）、蛋糕（乙级）

（1）包含“饭（甲级）”的隐喻

“饭”是指煮熟的谷类食品，特指米饭。饭食与人类生活息息相关，是人类的生存依靠。《现代汉语词典》中对“饭”的释义为：每天定时分次吃的食物；吃饭这种行为；给人饭吃的行为。常与动词“吃”组成“吃X饭”的隐喻形式，如“吃干饭”“吃大锅饭”“吃软饭”“吃白饭”“吃现成饭”。此时“饭”表示工作或谋生的手段、方式等概念义。

此外，在HSK动态作文语料库和其他大纲中，还有“清茶淡饭”“大锅饭”“饭碗”等用法。例如“大锅饭”，该词在《现代汉语词典》中释义为“供多数人吃的普通伙食”，是对分配方面存在的平均主义现象的一种形象比喻，表示生存的方式与手段的概念义。体现出“饭”从源域“食物”映射到“人们的生活”这一目标域。

（2）包含“菜（甲级）”的隐喻

《大纲》中要求学生掌握的词汇是其本义，如“菠菜”“青菜”“油菜”

等。但近些年随着网络迅速发展，人们生活水平大幅提高，对事物的新思考、新想法不断更新。社会生活的变化通过人脑的加工反映到语言中，首先体现在人所使用的词汇中，“菜”字的意义变化正是由此产生。

A. 表“完”“光”义

指体力用光等身体方面的变化。在现代汉语中，“菜”本义指蔬菜。周一民（1998）认为北京流行语中的实语素“菜”，其用法来自广东话中虚化的词尾“晒”，二者语音形式、用法存在相似性，因此都表示“全”“都”“完”“光”“了”的意思。“菜”字在发展过程中语义虚化，成为词的后缀，形成如“晕菜”“歇菜”等词。

B. 表“差劲、无能、初学者”义

常指人内在精神差劲，人的综合能力弱等意义，其隐喻义多出现在网络语言中。谢丽霞、王晓新（2019）提到在《说文解字》中“菜，草之可食者”。可知“菜”本义为可食用的草。所以古义“草”中“粗糙、粗劣”等概念义可以通过隐喻认知操作投射到“菜”的语义域中，“菜”字因此继承了“草”字的隐喻义，形成现在“菜包子”等用法。杨昌龄（2004）举例在方言中出现的词汇“菜鸟”一词。这类词中的“菜”字仍是从北京方言、冀鲁方言中借代来的“懦弱无能”“差”“笨”“愚笨”等概念义。这类词成为网络流行语后，贬义色彩淡化，并得以广泛流行。笔者在与留学生沟通时发现，他们会用“你这球踢得太菜了”来调侃他人踢足球时的表现，此处的“菜”仍未有贬义色彩。搜寻大纲和语料库中均未发现此类口语用法以及相关词汇。可见，“旧词出新义”形成的隐喻流行语也是留学生们愿意学习且经常使用的领域。

C. 表喜欢义

日常交往中有“你不是我的菜”的用法，表示“某物（人）不是某人喜欢的类型”，“菜”由此引申出喜欢义。

可见成为网络用语和方言词缀后，食材类词语“菜”字表现出强大的组词活力，应用范围更加广泛，活跃在人们日常生活中。

（3）包含“西瓜（乙级）芝麻（丁级）”的隐喻

西瓜、芝麻本是草本植物。二者发生隐喻需要在特定的语言结构“捡了芝麻，丢了西瓜”中，通过概念隐喻的投射原理，西瓜、芝麻从源域“可食用的草本植物”投射到目标域中，喻为“抓住了小的，把大的丢了，重视了次要的，把主要的忽视了，表示因小失大、做事得不偿失之义”。这一引申过程是借助于这两类植物的外型特征。“西瓜”与“芝麻”相比，外形上抽象出 “大”与“小”的相对特征。因此可以喻为“大的事物”“小的事物”。其隐喻过程也显示出隐喻意义的模糊性语义特征，即隐喻意义的理解依赖词语出现的语境。束定芳（2000）针对此提出：“隐喻就是一种以词为焦点，语境为框架的语用现象”。可见，语境对隐喻的形成起到了重要作用。

（4） 包含“蛋（乙级）”的隐喻

《大纲》中包括：坏蛋（丙级）、笨蛋（丁级）、捣蛋（丁级）、完蛋（丁级）、蛋糕（乙级），其中前四个词都带有贬义色彩。汪冰冰、鹏宇（2008）对此解释为，“蛋”由“卵”字的意义而来，而“卵”字本身表示鄙俗之物。因此“蛋”字之义由其继承而来，相应的带有消极贬义色彩。

A. 表“内心肮脏的坏家伙”的概念义

一个用于食用的“蛋”在外表看不出任何坏的样子，但其蛋壳内却奇臭无比。所以现代汉语中抽象出其中“内心肮脏的坏家伙”的概念义，产生“坏蛋”的隐喻用法，再结合不同的语素也形成了“笨蛋”“捣蛋”等词。这些词都是由概念义相似而引申而来的隐喻词。此时的“蛋”字可以理解为“……的人”。

B. 表示“结束”义，如“完蛋”

各类蛋在孵化期满孵不出幼雏，即为“完蛋”，表示没发展前途、事情结束之义。

C. 表“市场”“总量”等整体义

“蛋糕”一词，本义是“鸡蛋和面粉加糖和油制成的松软的糕”。现在整体形成一个隐喻的用法，表“市场”的概念义，常在新闻报道中出现或作为新闻标题。此外还可表“总量”义，如“只有企业发展了，企业利润这个蛋糕做大了，国家的收入才能增加”。

7.3.2.2 以饮食器具为源域的隐喻认知分析

清代著名美食家袁枚在《随园食单》中介绍：“古语云，美食不如美器。”

可见，作为饮食文化悠久的大国，饮食器具的发展一直为人们所关注。人们在研究精美食物制作的同时，还注重盛食物器皿的搭配。因此涉及饮食器具的种类、用途的词汇也十分丰富。《大纲》中以饮食器具为源域的词有8个，可分为3个小组进行分析：

①包含刀的词汇：刀（甲级）、刀子（乙级）、开刀（丁级）

②包含锅的词汇：锅（乙级）、大锅饭（丁级）

③包含碗的词汇：碗（甲级）、饭碗（丁级）、铁饭碗（丁级）

（1）包含“刀（甲级）”的隐喻

大纲中仅出现“刀刃、剪刀、镰刀”等本义用法，这些词在使用过程中并没有发生隐喻。但在语料库和其他大纲中，“刀”字存在以下几类隐喻义用法：

A. 表“言辞刻薄”义

如“刀子嘴”。其中“刀子”是喻体，“嘴”是本体，喻为“像刀子一样锋利的嘴”。嘴的张合就像刀子切割物品一样，嘴张刀落。比喻言辞犀利刻薄，不留情面。这是隐喻在歇后语上的体现，常组成“刀子嘴，豆腐心”的用法。

B. 表“砍价”义

如在网络上售卖二手物品时，卖家常会介绍：“自用笔记本，可小刀”。此时“刀”的词性由名词用法变为动词用法，表示“可以在小范围内还价”。周根飞（2009）认为“刀”字的隐喻新义有其理据性。由于“刀”与英语中“dollar”的发音相似，产生联系。最后，它传达的是“削价”“砍价”“杀价”“还价”等行为意义。

C. 表“打击”义

如“开刀”“补刀”。汪萍（2017）将“补刀”的引申义细分为三种：①对身体上的打击，指“在人伤痕累累、奄奄一息时，给人致命一击”。②对精神上的打击，指“人在备受打击或遭遇挫折时，再通过言语给人心灵上插一刀”，具有一定暴力色彩。③表示“打击”这一类人，如“赵丽颖个性耿直，聊天爱补刀，又名‘赵小刀’”。

（2）包含“锅（乙级）”的隐喻

《大纲》中有“大锅饭”的用法，表示“平均义”的概念。在HSK动态作文语料库中，出现歇后语的用法，如“热锅上的蚂蚁”，此时整句的隐喻义为“心里烦躁，焦急、坐立不安的样子”，由本义引申到“焦急义”的概念。《国际中文教育中文水平等级标准》中出现“一锅粥”的用法，表示非常糟糕、混乱的状态。这三个隐喻词汇的形成，都是由短语固化而来。

（3）包含“碗（甲级）”的隐喻

例如“饭碗”“铁饭碗”，表“以……稳定谋生”义。“铁饭碗”原义为铁铸成的吃饭用的器具，非常坚硬难以击破。由于“铁”字性质特征中有“坚定、稳定”的义位，与固定的概念（如“固定的工作、固定的关系①”等）具有相同的意象图式，“饭碗”是人进食活动中必不可少的工具，可引申为“生计”。因此铁饭碗中“用于吃饭的坚固工具”的概念义可以映射到“工作”域中，“稳定的工作”与“铁饭碗”稳定的性质产生相似性，产生了隐喻认知。

7.3.2.3 以饮食动作为源域的隐喻认知分析

《大纲》中以饮食动作为源域的有9个，可分为4个小组进行分析：

①包含吃的词汇：吃（甲级）、吃惊（乙级）、吃亏（丙级）、吃苦（丙级）、吃力（丙级）

②包含吐的词汇：吐（乙级）

③包含吞的词汇：吞（丙级）

④包含尝的词汇：尝（乙级）、尝试（丁级）

（1）包含“吃（甲级）”的隐喻

现代汉语中“吃”的意义繁多，从“吃”的本义“把食物到嘴里经过咀嚼咽下去（包括吸、喝）”为基础，可以引申出众多意义。这些意义间存在着紧密的联系。在《现代汉语词典》中包含“吃”的词汇有74个，其中51个隐喻词引申出9种意义：

① 例如，和某人很要好、两人关系坚不可摧，可以说“我们关系很铁”。

A. 表进入义

吃是一个动作。吃的行为包括“将食物放入口中、咀嚼和吞咽”三个分动作，由此产生“消化、吸收、排泄”的后果。动作及后果分别发生在：口腔内（吃进去、咀嚼），人体内部（消化、吸收、利用），人体外部（排泄）。如果将人类身体看作一个“容器”，第一阶段食物入口过程可看作食物进入“容器”，由此产生进入义，例如：“吃刀”“吃货”。

B. 表依靠义

人产生“吃”的动作，此时动作主体是人，“食物”是动作“吃”的对象，也就是受动作支配的食物。人需依靠食物来存活，由此“吃”可引申出依靠、依仗等隐喻义。例如：“吃白饭”“吃白食”“吃大锅饭”“吃大户”“吃皇粮”。

C. 表吞没义

人吃食物，产生吞入口中的动作，由此产生吞没义。例如：“吃空额”“吃空饷”。

D. 表承受、禁受；接受；遭受义

“吃”的本义“嘴中咀嚼食物”是通过口腔和牙齿的配合对食物进行切割、捣碎、磨细等过程。这一过程中“食物”作为受事被主体“人”通过“吃”的动作进行“破坏”“打散”。此时动作“吃”的语义指向受事，表某物被“吃”，产生“承受、禁受”等被动义。

E. 表破坏、消灭义

“吃”某物，这一行为带来的后果是某物“遭受”“被破坏”“被消灭”等隐喻义。例如：“吃惊”“吃不服”“吃不开”“吃里扒外”。

F. 表获得义

食物进入人体内部，“吃”过程进入第二个阶段。人体消化系统对食物进行消化、吸收、利用。此时动作主体是人，人获得能量，产生获得义。例如：“吃回扣”“吃偏饭”“吃偏食”“吃小灶”。

G. 表吸收义

由“获得义”继续引申而得。主体更换为“船”或者是“纸”，就可以引申出吸收液体的释义，形成“纸吃墨”“这块地不吃水”等隐喻用法。

H. 表耗费义

“吃”食物的最后一个阶段是人体外部阶段，食物从有到无的过程不仅是人体吸收的过程，也是人体消耗、耗费的过程。因此可以产生“吃回扣、吃偏饭、吃偏食”中的获得义。

I. 表理解、把握义

理解义与把握义与整个吃过程产生的结果相似，从而形成的隐喻。例如“吃透、吃准”。由此可见，“吃”产生的概念隐喻和本体隐喻都是“吃”的原型意义引伸的结果。

（2）包含“吐（乙级）”的隐喻

《大纲》中“吐”字有两个读音“吐（tǔ）”“吐（tù）”，组成具有本义的词“呕吐”。《新汉语水平考试大纲》中出现犹豫义的用法，如“吞吞吐吐”。此时“吐”是三声。此外在流行语中也有表“调侃”义的用法，如“吐槽”，此时为四声。

（3）包含“吞（丙级）”的隐喻

《大纲》中未有要求掌握的隐喻词，但在《新汉语水平考试大纲》中出现“吞吞吐吐（六级）”“狼吞虎咽（六级）”的隐喻用法。

A. 表含混不清义

饮食动作“吞”是不经过咀嚼，将整个食物咽下去，这时的口腔状态是混乱的，说出的言语是含混不清、支支吾吾的。因此形成隐喻词“吞吞吐吐”，表说话时含糊、有顾虑等含混不清之义。

B. 表快速、不假思索义

例如“狼吞虎咽”，表示像狼、老虎一样吃东西，形容吃东西又猛又急。

（4）包含“尝（乙级）”的隐喻

《大纲》中出现的词汇有“尝试”“品尝”。“尝”字在《现代汉语词典》中释义为：（1）辨别滋味；（2）经历、体验。人在品尝不同口味食物的行为，是得到人生经历与体验的过程，这一过程就是一种尝试。任何与其相似的行为、活动、精神，都可以映射到“尝试义”，形成隐喻过程，“尝试”一词由此而来。此时还可以进一步引申，由实词虚化为时间副词，表示曾经义。

7.3.2.4 以烹饪方式为源域的隐喻认知分析

中国烹饪文化具有独特的民族特色，《大纲》中以烹饪方式为源域的有2个，分别是：炒（丙级）、煎（丙级）。

（1）包含“炒（丙级）”的隐喻

例如：“炒作、炒鱿鱼”

A. 表“买进卖出”义

“炒”在《现代汉语词典》中释义为一种烹调方法，把食物放在锅里加热并随时翻动使熟，食物经过炒的动作后变成可食用的佳肴。动作“炒”用作商品经济下的“买进卖出”意义时，也像食物在锅中翻动一样，低价买进某产品，再以高价卖出，从中可以牟利，因而“炒”从饮食域映射到人的社会生活域中，产生隐喻用法。

B. 表“烘托、哄抬”义

“炒”的过程中食物的温度升高，这时的“炒”字语义中增添了“温度向上”的语义，形成“炒作”的隐喻词后吸收了这一概念义，表示某对象的关注度上升，炒的过程中的“加热”与各个媒体使目标对象成为讨论焦点的行为十分接近，形成隐喻。

C. 表“解雇”义

最典型的用法——组成“炒鱿鱼”。该词本身是粤语词汇，源于生活在广东打工人们的日常生活现象：外出打工的人带的行李在粤语词汇中叫作“铺盖”，如果老板解雇了员工，离开之前打工人需要收拾好自己的“铺盖”再离开，也就是“卷铺盖走人”。由于在做炒鱿鱼这道菜时，温度上升鱿鱼片会卷起来，“炒”的动作使鱿鱼卷在锅内滚来滚去，这个烹饪现象与工人被老板解雇时，收拾行李、再谋出路的过程相似，因此产生了“炒鱿鱼”的说法，相比“卷铺盖走人”的用法要更加隐晦与委婉，使得这一词汇在粤语地区甚至在全国范围内流行开来，HSK动态作文语料库中也有此种用法。

（2）包含“煎（丙级）”的隐喻

“煎”本义指一种烹调方法。具体做法是在锅中放少量油，将食物放在里面加热至焦黄，这一过程称为“煎”。对于食物来说，油锅里被“煎”是一种折磨，因此这种相似性与人体感受相连，形成了拟人隐喻，产生“煎熬”的用法，表“焦虑痛苦”义。

7.3.2.5 以食味为源域的隐喻认知分析

中国古代就有“五味令口爽”的说法。贪享“厚味”“至味”危害健康，古人总结出“谨和五味”的饮食观，体现出中国传统饮食文化的精髓。赵志强、王冬梅（2003）介绍饮食中的五种基本味道，即“酸”“甜”“苦”“辣”“咸”。这些词规律性地从“味觉”领域映射到抽象的“情感”领域，集中体现了人类认知从简单、具象到复杂、抽象的普遍特性。《大纲》中除了“咸”以外，酸（甲级）、苦（甲级）、甜（乙级）、辣（丙级）均有收录，共计15个，具体情况可分为4个小组进行分析：

①包含酸的词汇：酸（甲级）

②包含甜的词汇：甜（乙级）

③包含苦的词汇：苦（甲级）、辛苦（甲级）、痛苦（乙级）、刻苦（乙级）、艰苦（乙级）、吃苦（丙级）、贫苦（丙级）、苦难（丁级）、苦恼（丁级）、困苦（丁级）、穷苦（丁级）

④包含辣的词汇：辣（丙级）、辣椒（丙级）

（1）包含“酸（甲级）”的隐喻

A. 表心理感受义

“酸”本义是指一种化合物。食物腐烂会发出刺鼻的气味，这种气味像醋的味道，十分难闻。因此，“酸味”表示一种消极的感情色彩。源域“酸”由气味映射到人的感情域，表示一种消极的心理感受，引申出“心酸、酸溜溜”等隐喻用法。

B. 表身体不适义

“酸”还可以映射到人体感受，如“腰酸背痛”。进一步扩大适用领域，映射到人生经历，引申出“寒酸、穷酸、心酸”等概念义。此外，赵守辉（1991）还提出，在东北地区的方言中“酸”还用来形容人脾气火爆，易怒之意，如“急皮酸脸、脾气酸性”。

（2）包含“甜（乙级）”的隐喻

A. 形容人的气质、外形、声音

“甜”可以从味觉域投射到嗅觉、听觉、视觉等感官域。由于味觉与嗅觉紧密相连，味觉词“甜”映射到嗅觉时，食物所散发的芬芳好闻的味道，都可以联结到甜的特征。例如，在春天百花齐放的时候，走在花丛中也能闻到“甜丝丝的味道”。此外，味觉通感到听觉。好听的声音、动听的话语会给人带来听觉上的愉快感受。如形容人声音动听，讨人喜欢。会说“这小姑娘的声音真甜美”。同时“甜美”还可以形容美好的事物、人的外貌。如：由于我个性开朗活泼，笑容甜美可爱，所以很受教授和同学们的欢迎。①

B. 表人的心理感受义

“甜”可以从味觉域投射到情感域，形容舒适、愉快的状态。如“他睡得真甜”。从“味觉甜”到“人体感受甜的滋味”，再到“用人体感受过的甜来形容其他物质的甜（如形容人的气质、歌声）”的抽象过程。“甜”从具象的“味觉”领域映射到抽象的“情感”域，依靠的是行为主体发挥心理联想作用的结果。王艺宸（2020）还提出了“甜”从味觉域投射到人物域的用法。如美国流行歌手布兰妮·斯皮尔斯（Britney Spears）因其歌声甜美而闻名，所以歌迷们热情地称呼她为“小甜甜”。英语中sweetheart、sweetie也是对自己心爱之人的称呼，汉语借用为“甜心”。可见，非汉字文化圈的词汇隐喻也存在共通之处。

（3）包含“苦（甲级）”的隐喻

《大纲》中包含“苦”的隐喻词有：艰苦（乙级）、刻苦（乙级）、痛苦（乙级）、吃苦（丙级）、贫苦（丙级）。

A. 表心理感受义

“苦”在《现代汉语词典》中的释义为：表示像胆汁或黄连的味道，与“甘、甜”相对。用作隐喻后抽象出“心理难受”义，如“痛苦、苦笑、艰苦、愁眉苦脸、苦尽甘来”。赵欣（2013）将其意义发展轨迹总结为：具体食物——反

① 来源HSK动态作文语料库2.0。

映植物味道的味觉词——抽象表示痛苦、困苦的人体感受。二者对人体造成的痛苦感受形成相似，从而形成映射。

B. 表耐心义

“苦”作副词时，表示有耐心地、尽力的。如“苦干、苦劝、勤学苦练、含辛茹苦、吃得苦中苦”等多种词汇组合。HSK动态语料库中有关于“苦”的词条达668条。从苦的使用和组词方面可以看出，“苦”字所表达出的意义十分丰富，其义位间有着较强的关联性与相似性。赵守辉（1991）介绍，《常用构词字典》里由“苦”字的这种引申义构成的词（包括成语）多达106个。苦字构词能力强，以至于人们在使用时很少想到它的本义是一种味道。

（4）包含“辣（丙级）”的隐喻

“辣”在《现代汉语词典》中的释义有三种，一是表示刺激性味道；二是专指辣味刺激；三是用于形容人的狠毒。其中第一、二项为基本义，第三项为引申义。

A. 表“狠毒”义

常形成“心狠手辣”的隐喻词，带有贬义色彩。人们在食用辣味食物时，口腔及生理上产生强烈灼烧感及热感。人们将已有的对“辣味”的经验联想到拥有狠毒性格的人时，二者带给人的不适感产生了相似性形成了隐喻过程，产生了“辣”的隐喻用法。

B. 表“时尚、流行”义

近些年的流行语中也出现了“辣＋X”的新隐喻形式，如“辣妈”。王茜（2012）认为“辣妈”由英国女子组合的名字“SPICE GIRLS”翻译而来。由于时尚明星组合冲击人心的风格刺激了译者的感官，人们由此联想到“辣”字基本核心语义——像辣椒等刺激口鼻的味道。两者都产生对感官的强烈刺激，形成隐喻相似。而流行过程中，淡化了“辣”字的不适感，进一步转化为快感和愉悦感。王茜将语义衍变的根本动因总结为隐喻思维引起的语义泛化。

7.3.3 由饮食域投射到人体外部

人体外部可以分为人的行为域、生活域、形象域。

由饮食域投射到行为域，人的饮食行为发生后，可以从行为的目的、行为采用的方法、行为实施的过程以及行为产生的结果等层面进行隐喻。具体情况见表7-4：

表 7-4　由饮食域投射到行为域的词汇统计

词语	源域	目标域
大锅饭	食材 饮食器具	行为采用的方法：平均分配制度
西瓜 芝麻	食材	行为产生的后果：比喻因小失大
完蛋	食材	行为产生的后果：（指事物或事情）垮台、灭亡、死亡
刀	饮食器具	行为采用的方法：用来指还价这种行为，如“可小刀”
开刀	饮食器具	行为实施的过程：比喻先从某事（人）下手
吃力	饮食动作	行为实施的过程：指行为实施过程中十分费劲
吃苦	饮食动作	行为实施的过程：指事情发生的过程中要经受艰苦挑战的情况
吃亏	饮食动作	行为产生的后果：指遭受损失或不愉快的结局、情况
炒	饮食动作	行为采用的方法：倒买倒卖 行为采用的目的：对事件进行不切实际的宣传，使某人（事）红火，如炒作
艰苦	食味	行为实施的过程：艰难困苦

由饮食域投射到生活域，生活域可分为生活体验、生计工具、社会生活，具体见表7-5：

表 7-5　由饮食域投射到生活域的词汇统计

词语	源域	目标域
饭碗 铁饭碗	饮食器具	生计工具：指（稳定的、待遇有保障的、人们赖以谋生的）职业和职位
蛋糕	食材	社会生活：用来形容整体、市场等总量义
尝试	饮食动作	生活体验：试验某物（事）

由饮食域投射到形象域，用来形容人的能力、性格、品格等外在形象与气

质，具体情况见表7-6：

表 7-6　由饮食域投射到生活域的词汇统计

词语	源域	目标域
菜	食材	用来形容人的水平低、能力差
坏蛋 笨蛋	食材	指坏人、恶人、蠢人
刀子嘴	饮食器具	指言辞犀利、说话刻薄的人
吞吞吐吐	饮食动作	指性格犹豫、有话要说又不爽快地说。形容人在说话有顾虑的样子
刻苦	饮食动作	指人肯下苦功夫，做事情刻苦钻研，行为俭朴

7.3.3.2 由饮食域映射到人体内部

由饮食域投射到心理域，心理域又可细分为心理活动与心理感受。人的心理状态变化是抽象的，并且起伏多变。在描述心理过程中，人们善于用具体的、可见的概念，去概括抽象的情感。属于这一类映射过程的词汇见表7-7：

表 7-7　由饮食域投射到心理域的词汇统计

词汇	源域	目标域
吃惊	饮食动作	心理活动：人受了惊吓或是使人惊讶
甜	食味	心理感受：外表或声音出色带给他人舒适的感觉
菜	食材	心理感受：某物（人）不是某人喜欢的类型，如“你不是我的菜”
煎	饮食动作	心理感受：焦虑痛苦受折磨的状态
酸	饮食动作	心理感受：常组成“心酸”，表示心里悲痛
痛苦	食味	心理感受：惴惴不安的心理状态

7.3.4 饮食类词汇的隐喻形成原因

7.3.4.1 语言文化因素

一种民族语言的产生背后蕴含着该民族丰富的文化背景和思想内涵，映射着该民族独特的风俗、习惯、个性、道德等特质。中国有句俗语，叫“民以食为天”。中华民族作为一个农业大国，自古以来就将“吃饭”作为生活中的头等大事。孔子也说“食不厌精、脍不厌细”。“煎炒烹炸，熬炖焖煮”，均彰显着高超的传统烹饪技艺。可见中国人不仅重视饮食，还注重对饮食及其文化的精细研究。中国古代儒家思想倡导“格物致知”，“格物”即以自身来观物，又以物来观自己。反映到饮食方面，中国人不光注重吃，还注重将饮食用语引申，使之内涵带有人的思想特征。

现在的人们，见面的寒暄用语也常常是“您吃了吗”。对于中国人来说，“饮食”是日常生活中意义重大的一件事。作为交流用语的饮食类词汇自然与中国人的生活密切相关，其引申出的隐喻饮食类词汇，如“吃父母”“吃劳保”“铁饭碗”“辛酸苦辣”等自然可以通过已知的“吃”投射到新事物、新现象等抽象领域中，形成中国人独特的隐喻“吃文化”。

7.3.4.2 认知心理因素

束定芳（2000）提出，在人类早期认知阶段，由于“思维贫困”（也称思维能力的局限），人类对于实际事物，无法用清晰准确的概念进行界定。只是用词汇来模糊指代某一整个场景，并把两类不同的事物混为一谈，因而产生了隐喻。词汇产生与人类遵循语言经济性原则有关。随着人类认识的不断扩大，新鲜事物的不断出现，现有的词汇不足以概括新事物或新概念。所以人们在已有认知下，通过寻找新旧事物间的相似性，用已知词语来形容新事物。这一过程形象地描述了新兴事物的本质和特征，同时扩大了原有词汇的词义范围，是人类创造性使用语言的体现。例如，“辣妈”一词。王茜（2012）认为中国人对女性的固化思维认知是“知性、温柔、识礼”，但随着社会的发展、互联网普及、世界各种文化的融合，人们的思想也愈加多元，传统的、针对女性的修饰词不能满足人们当下的表达需要，此时 ‘辣妈’一词的出现填补了空缺。人们开始大方地赞美与讨论那些外表漂亮、性感的妈妈，将她们给人的感觉与“辣味”刺激相联系，称她们为“辣妈”。这类临时替代的词语经过广泛的使用和传播，其用法就形成了该词新义项，使得该词具有了隐喻性。可见，词的许多义项是通过隐喻的方式增加的。相似的隐喻用法还有“瓶颈”“山腰”。有些隐喻词内部新词义由于使用频率的增加，固化为词义的一部分，甚至成为固定的义项进入词典之中，丰富了词汇的意义内涵。这些已经固定在人们日常生活使用中的隐喻已经不为人所发掘，被称为“死隐喻”。

汉语词汇中普遍存在着的委婉语现象，反映出中华民族内敛的心理状态和历史沉淀。中国人在交际中遵循的是谦逊原则，因此说话人在交际过程中不愿使用令人不快的、不留情面的表达，造成交际中的尴尬状况，而是倾向用令人愉快、轻松易接受的言语代替。此时能够明确地表达语言内涵，又委婉、温和、抽象的隐喻词应运而生。例如，人们在说“被辞退了”就可以用“炒鱿鱼”来替代；说“吃得多且无用的人”可以用“饭桶”来替代。增强语言表达效果的同时，也增添了语言活力，形象而生动。此外，语言的委婉表达还体现在饮食的命名上。通过使用隐喻来抬高实际事物的档次和品味，如“珍珠翡翠白玉汤”。可见，每一个隐喻的产生都包含着人们的思维认知过程，需要语言的受众者从不同角度来理解其实际使用义。

7.4 国际汉语教学中隐喻饮食类教学思考

《大纲》中有甲、乙、丙、丁四种难度的词汇等级。2021年新颁布的《国际中文教育中文水平等级标准》中词汇等级更是被划分为一至九级。因此在词汇教学中，要学会利用词的等级标准，对隐喻词也进行相应的分级教学。以“吃”为例，教师首先要将“吃”的意义梳理清楚，将每一项词义循序渐进地教授给学生。对于初级学习者来说，一级词汇表中的“吃”字是易于学习的。教师要以此为基础，在学生进入中高级学习阶段后，将“吃+X”组成的二字结构（如“吃苦、吃亏、吃惊”等），“吃不+X”“吃得+X”“吃+XX”组成的三字结构（如“吃不消、吃得消、吃干饭”等）以及由“吃”组成的四字结构（如“吃喝玩乐”）融入“吃”隐喻后产生的进入义、吞没义、承受义。以人体“吃”后产生的“进入、消化、吸收、排泄”过程为感受，通过行为间的相似性进行联想式分级教学。

隐喻词的形成与教学情景的影响密不可分，一个单独的隐喻词摆在学习者面前，他可能并不认识。但是在具体环境下考察时，词汇与情景、与感受联通，学生能够猜出隐喻词的意思。饮食类隐喻词与人类生活联系密切，通过调动听觉、触觉、味觉、嗅觉等多感官联动，可以触发学习者不同的学习感受。例如，在教“苦”等以食味为源域的饮食词时，准备苦瓜，让学生分别品尝，描述自身的感受。由此介绍“辛苦”“吃苦”等隐喻词。教师通过建立词隐喻义与词本义间的意义联系，帮助学生理解正确语言规范以及使用语言的情形，以此减少隐喻词在语用中容易出现的偏误，促进隐喻词的理解与记忆。学习者学会饮食词汇后，运用所学词汇去饭店进行点餐，是他们在中国生活学习所必需的交际技能。而在很多中国菜的名字里，出现饮食类词汇（一般是食味词），如醋溜土豆丝等，与教材中、大纲中的饮食词汇“吃醋”还有一定差别，此时教师有必要采用情境教学法。设置菜单、服务员等真实饭店所需的人与物，模拟在饭店的用餐情景，或者前往当地的中国饭店，直接进行现场教学。通过真实菜单、菜品，让学生谈一谈食物的味道，并现场猜测饮食类词汇引申出的隐喻词的实际含义。

隐喻饮食类词汇如“大锅饭”“炒鱿鱼”“吃醋”等，这些词之所以成为学习者学习的难点之一，是由于留学生汉语水平有限，对每个词产生的特定背景及词汇蕴含的中国传统文化意义了解不够深入。此时教师适度补充词汇相关的历史文化背景知识，有助于在教学中逐步培养学习者的汉语思维与汉语文化观。在讲解这类隐喻词时，要将发生背景和学生讲述清楚，让学生在自身认知概念中对隐喻词有基本了解，同时能形象地理解“相同外形”的词汇背后所具有的两层意思。

总之，在国际汉语教育中进行隐喻饮食类词汇的教学，要遵循系统性、渐进性、启发性原则，了解学生的词汇现状，通过采取多样教学方法，厘清词汇隐喻映射方向，进行分级教学；采用教学与实践相结合的方式，进行情景教学。发挥文化教学的作用，拓展隐喻词汇的文化内涵。

第 8 章　以“牛”为语素的中蒙动物词汇比较研究

8.1 引言

语言是人类社会的文化载体，与文化相互依存、相互影响。动物词汇在词汇当中较为常见。所有语言中的动物词汇都能体现不同民族的不同文化。人类活动和动物活动有不少相似之处，人类交流过程中使用动物词汇来描述人类活动，有意无意间使用了隐喻的手法。动物词汇，不仅让人们想到动物本体，还令人联想到其隐喻含义，动物词汇在一定程度上能够体现一个国家的历史文化、社会发展历程和国民的认知方式。因此，对中蒙动物词汇的研究可以加深人们对两国历史、文化及认知模式的理解。

目前，在中蒙语动物词汇研究方面，大多数研究都是从语言描写的角度去分析某一动物或一些动物。Л.Нямцэрэн在《Хүний зан байдлыг илэрхийлсэн англи, монгол өвөрмөц хэлцийн зэрэгцүүлсэн судалгаа（表达人性格与行为的英、蒙语隐喻比较研究）》中，对蒙语和英语中表达人性格与行为的隐喻含义的异同性进行比较分析，认为蒙语中“牛”词汇一般表示缓慢、固执和愚蠢的隐喻内涵，以牛比喻人时多含贬义。李书（2015）在《汉族与蒙古族关于“牛”谚语之比较》中对与“牛”相关的谚语的意义和表达方式进行了研究。汉蒙“牛”谚语的意义总体而言差异较大，原因是蒙古国社会和中国社会生产生活方式不同。蒙古国以游牧业为主，蒙语中涉“牛”谚语是蒙古人民与牛朝夕相处的经验不断内化的结果。中国社会以农业为主，随着社会发展，汉族人民对牛的情感倾向和认知也发生变化，产生了一些具有贬义色彩的涉“牛”谚语。

从前人的研究成果来看，蒙古国与中国研究者主要围绕涉“牛”词汇的基本概念展开研究，但是缺乏系统性和多角度分析，对定量与定性结合的研究缺乏足够关注，没有深入挖掘可以创新的研究方法。因此，本章将从词的感情色彩、词性、词义类型和隐喻构词类型四个角度构建一个相对封闭的空间，运用基于统计和语义网络的对比分析方法，研究“牛”为语素构成的动物词汇。

8.2 研究材料与处理

本章的研究材料，即与以“牛”为语素的词汇，主要收集自《汉语大词典》《蒙语大词典》，同时参考了Бадамдорж.Д的《Монгол хэлний үгийн сангийн утга зүй（蒙语词汇意义）》《汉蒙成语大词典》《蒙汉语词典》《汉语成语词典》。笔者运用检索软件提取用“牛”作为语素的词汇，通过计算机软件Excel建立语料库，运用社会网络可视化软件Gephi完成对语料的处理。

8.3 中蒙“牛”词汇对比

按照使用类型，将“牛”词汇分为词语、成语、俗语三类。其中，以“牛”作为语素构成的词语，汉语语料库总共收集了369个，词语占57. 7%，成语占32. 3%，俗语占10%。蒙语语料库总共收集了64个词，其中词语占46. 1%，成语占23. 1%，俗语占30. 8%。具体如表8-1所示：

表 8-1　中蒙基于“牛”词汇的数据比例

		词语		成语		俗语	
		汉语	蒙语	汉语	蒙语	汉语	蒙语
感情色彩	褒义	1%	0%	28%	13%	11%	10%
	贬义	0%	0%	42%	47%	47%	35%
	中性	99%	100%	30%	40%	42%	55%

（续表）

		词语		成语		俗语	
		汉语	蒙语	汉语	蒙语	汉语	蒙语
词性	名词	84%	87%	21%	0%	24%	5%
	动词	6%	13%	19%	67%	24%	40%
	形容词	10%	0%	60%	33%	52%	55%
词义类型	本义	70%	90%	3%	0%	0%	0%
	引申	10%	10%	3%	0%	3%	0%
	比喻	16%	0%	94%	100%	97%	100%
	其他	4%	0%	0%	0%	0%	0%
隐喻构词	状貌类	29%	3%	49%	13%	57%	35%
	属性类	11%	17%	20%	7%	11%	5%
	动作类	10%	10%	21%	80%	32%	60%
	状物类	48%	70%	10%	0%	0%	0%
	其他	2%	0%	0%	0%	0%	0%

8.3.1 中蒙“牛”词汇概念相同分布趋势

根据表8-1，中蒙“牛”词汇相同分布趋势可分为总体相似和部分相似两类。从表中的数据可以看出：

在感情色彩上，汉语和蒙语词语中性义分别为99%和100%；汉语成语的中性义与贬义分别为30%和42%，蒙语成语的中性义与贬义分别为40%和47%；汉语俗语的中性义与贬义分别为42%和47%，蒙语俗语的中性义与贬义分别为55%和35%。总体上，汉语和蒙语词汇的词义大多数是中性义，其中成语和俗语的中性义与贬义居多、褒义较少，而词语中几乎都为中性义。

在词性上，汉语和蒙语的名词占比分别为84%和87%；汉语成语的形容词、动词与名词占比分别为60%、19%和21%，蒙语成语的形容词与动词占比分别为33%和67%；汉语俗语的形容词、名词与动词占比分别是52%、24%和24%，蒙语俗语中形容词与动词占比大，分别为55%和40%。总体上，中蒙两种语言的词语名词居多，成语和俗语的词性比例各不相同。

在词义类型上，汉语和蒙语词语的本义占比分别为70%和90%，成语的比喻义占比分别为94%和100%，俗语比喻义占比分别为97%和100%。总体上，中蒙两种语言中，词语本义居多，而成语和俗语的比喻义居多。

在隐喻构词方面，汉语和蒙语间不存在明显相同点。

8.3.1.1 总体相似

“总体相似”是指对比中蒙两种语言的数据，若两者相差较小，即为总体相似。中蒙“牛”词汇的感情色彩和词义类型呈总体相似的状态。

（1）感情色彩

汉语和蒙语在词语、成语和俗语的感情色彩上分布总体相似。

在词语的感情色彩方面，两种语言的中性概念居多。汉语含“牛”词语的描述对象有多种，其中以动物、植物、祭祀、运输工具居多。例如：动物名里的“牛蛙”是一种食用蛙，“牛蝓”是寄生在马牛身上的虫，“牛鱼”是一种世界稀有的鱼类，植物名有“牛唇、牛茎、牛蘈”等；中性词语有“牛享、牛酒、射牛”等，这些都是与祭祀时所用的牛相关的词；运输工具相关的词语有“牛皮船、牛头船、牛车、鞅牛”等。蒙语里中性概念“牛”的词语描述对象有生肖、动物名、乐器、矿物等。如：үхэр бөднө（牛鹌鹑）是一种小鸟，үхэр загас（牛鱼）是一种黑色、多齿的鱼，үхэр зөгий（牛蜂）是通体多毛的大型蜂，үхэр хараацай（牛燕子）是一种燕子；乐器үхэр бүрээ（牛喇叭），是声音很大的一种大型喇叭；矿物үхэр чулуу（牛石）是一种大型矿石。

在成语和俗语的感情色彩方面，汉语和蒙语“牛”词汇的中性和贬义概念居多。汉语的中性成语和俗语有：“牛毛细雨”，表示小雨；“牛骥共牢”，比喻坏人与贤人共处；“气喘如牛”，比喻大声喘气；“水牛过河”，指出露头角，出头露面；“老牛拖破车”，比喻做事慢腾腾；“骑牛觅牛”，比喻东西就在近处，还到远处去找。蒙语的中性成语与俗语有：үг олдож , үхэр холдлоо（找话了，牛离远了），指跟他人聊了很久；үхэхдээ үхэр буу тавих（死时放牛枪），表示使用最后的方法；тугал унаж буурьт хүрдэггүй,тууль уншиж номтой болдоггүй（骑牛犊不会到达原地，读史诗不会明智），表示只会读书写字，不一定明智，还需要积累实践经验；Үхэр шиг удаан（像牛一样慢），形容速度很慢。

汉语贬义成语与俗语有："牛山下涕"，比喻因为事情变迁所引起的悲哀；"牛头不对马嘴"，表示做事回活没有逻辑；"牛衣夜哭"，形容贫困的生活；"牛马生活"，比喻饱受压迫剥削的非人生活。蒙语的贬义成语与俗语有：үхэрийн баас шиг（像牛屎似的），表示麻烦；үхрийн сүүлэн дээр хутга （牛尾上刀），指事件快结束时失败；турж үхэж тугалын хашаа мөргөлөө（饿得直撞小牛栏），表示特别饿；үнээ алж тугалыг нь авах（为了牛犊而杀母牛）表达的意思与汉语俗语"隔山买老牛"相似，表示为了赚取一点利润而死，或没有弄清情况就轻易做决定等。

"牛"词汇中褒义词并不多，一般都是成语和俗语，占比较少。汉语中的褒义成语与俗语有："牛高马大"，比喻身材高大强壮；"九牛万象之力"，形容极大的力气；"亡羊得牛"，指损失小收获大；"休牛归马"，指停止战争等。蒙语里的褒义成语和俗语有：үнэнээр явбал үхэр тэргээр туулай гүйцнэ（如果你诚实，牛车会赶上兔），表示忠实总会赢；үнээ нь хар боловч сүү нь цагаан、 үг нь хатуу боловч сэтгэл цагаан（虽然母牛是黑色的，但牛奶是白色的；虽然说话很生硬，但心是好的），表示说真话的人都不是坏人。

（2）词义类型

中蒙"牛"词汇中，词语、成语和俗语的词义类型是总体相似的。

在词语的词义类型上，两种语言中词语的词义类型大多数是本义，如汉语词"牛屋"，指牛住的小屋；"牛心"，指牛的心脏；"牛奶"，指母牛的奶水。如蒙语词үхэр сүрэг（牛群），үхрийн мах（牛肉），монгол үхэр（蒙古牛）即原产地为蒙古的牛。不与"牛"本体相关的词，也有用来描述各种植物、动物、器具的表示原始意义的词。

中蒙成语、俗语的词义类型，多数属于比喻义。成语和俗语最常见的词义类型就是比喻义，因为成语和俗语多数都是用一种事物来类比另一事物。比如，汉语俗语"老牛拖破车"，意为办事很慢。虽然在中国民间，"牛"象征着巨大的力气，但是本俗语中的喻体是"老牛"，年老的牛体力下降、动作迟缓，该俗语以此比喻力气小、速度慢。本俗语中的“破车”同“老牛”一样，都是因为经年使用而性能下降的事物。由此可见，该俗语的构词取义角度在于“牛”与他物（破车）的内在联系，以“老牛拉破车”喻指办事效率低下。蒙语俗语үгний цөөн дээр,үхэрний олон дээр（话越少越好，牛越多越好），意为话越少越有价值，这句俗语将“话”和“牛”作对比，说明牛是一种切实的社会财富，而言语则不然，很多时候言简意赅反而更有价值。

8.3.1.2 部分相似

“部分相似”是指对比汉语和蒙语的数据（表8-1），若两者只有较少一部分相似，即为部分相似。中蒙词语和俗语的词性都属于部分相似。

名词属于实词，表示某事物、地点、抽象概念的名称等。汉语和蒙语的“牛”词语中，名词占比分别为84%和87%。

汉语俗语的词性占比分别为：形容词52%、动词24%、名词24%；蒙语则为形容词55%、动词40%、名词5%。在两种语言中，形容词最多，也有部分名词和动词。形容词是形容事物的形状、特征和状态的词语。例如，汉语的形容词俗语“九牛二虎之力”，表示与九头牛和两头虎相等的力气，形容巨大的力量。蒙语的形容词俗语үхрийн хоёр эвэр（牛两角）指两个人或两类人像牛的两只角一样，形容关系密切。

8.3.2 中蒙“牛”动物词汇概念分布差异

通过中蒙基于“牛”词汇的数据比例（表8-1），将该类动物词语的分布差异分为总体不相对应和部分不相对应。从表中的数据，我们可以得出：

在感情色彩上，中蒙两种语言的词语不存在明显的不同点。

在词性上，汉语成语的形容词、动词与名词占比分别为61%、19%和21%，蒙语成语的形容词与动词占比分别为33%和67%。

在词义类型上，中蒙两种语言的词语不存在明显的不同点。

在隐喻构词上，汉语词语状物类与状貌类占比分别为48%和29%，其他类较少，蒙语词语的状貌类与属性类占比分别为70%和17%；汉语成语的状貌类、属性类与动作类占比分别为49%、20%和21%，蒙语成语的动作类与状貌类占比分别为80%和13%；汉语俗语的状貌类与动作类占比分别为57%和32%，蒙语的状貌与动作类占比分别为35%和60%；总体上，汉语“牛”词汇中状貌类成语和俗语居多，而蒙语则是动作类居多。

8.3.2.1 总体不相对应

总体不相对应，指两种语言的数据（表8-1）之间占比差异最大的部分。隐喻构词是中蒙“牛”词汇数据中占比差异最大的。

在词语的隐喻构词方面，词语的隐喻构词类型分为状貌类、属性类、动作类、状物类等。根据数据，汉语“牛”词语中的状物类隐喻构词比其他类多；蒙语的状物类比汉语的多，汉语状貌类比蒙语的多；汉语的属性类比蒙语的少等。而汉语和蒙语状物类的描述对象基本相同，有动物、植物、运输工具等，不同点主要是数量上的差异。状貌类隐喻构词，在汉语中占比29%，但在蒙语中只占3%。例如，汉语的状貌类词语“孕牛”，即怀孕的母牛，以母牛怀孕的状态来描写它的状貌，进而运用到人类与此相关的情景中，如中国作家铁凝的作品《孕妇和牛》；“笨牛”，一般用于骂人，说对方愚笨如牛。而蒙语“牛”词汇中状貌类的隐喻构词较少，词语类只有үхрийн мах（牛肉）一词。“牛”一词虽然表示人的性格老实固执，但在蒙语中不能轻易用它形容人，因为它的感情色彩更偏向于贬义。例如，有些人将蒙古人称为Үхэр монгол（牛蒙古），这种称呼在蒙古人看来就是一种侮辱。因为“牛蒙古”会让蒙古人联想到成语Сүх далайтал үхэр амар（用斧头砍牛，牛无动于衷），该成语意思是牛在发生危险时坐以待毙，“牛”在此处有无知蠢笨的意味。因此，与汉语中相反，蒙语中把人比喻成“牛”，并非一种赞扬，而是一种羞辱。

在成语及俗语的隐喻构词方面，汉语成语和俗语的隐喻构词中，状貌类数量最多，也有小部分属性类和动作类；而蒙语中最多的是动作类，小部分是状貌类。汉语成语和俗语中状貌类数量比其他类多，如汉语俗语“牛脖子”，指倔强的脾气，因为牛有越拉越不走、越打越不走的特点，因此用牛的脖子来比喻倔强的脾气；还有成语“九牛一毛”，字面意思是九头牛身上的一根毛，这个成语描绘了无数根毛的一根，形容庞大数量中微小的一部分、微不足道。蒙语成语中动作类居多，如蒙语成语бяруу болоогүй байж, бухын баасаар баах

（没到两岁的牛犊，拉犍牛的粪），将没到两岁的牛犊比喻小孩子，犍牛比喻成人，用牛犊排粪来比喻孩子说话意思是孩子说大话（像成人一样）；蒙语俗语шуудайд хийсэн үхрийн эвэр шиг （像被装的牛角）说的是一个袋子里装几个牛角，由于牛角的形状弯曲、上部分尖尖的，装在一个袋子里可能会把袋子弄破，因此该俗语形容不和谐、不友善的状态。

8.3.2.2 部分不相对应

“部分不相对应”指的是两种语言的数据占比存在部分差异。中蒙“牛”词汇的部分不同主要表现在成语的词性上。

汉语成语的词性大部分是形容词，也有部分名词和动词，而蒙语成语中动词居多，少部分是形容词。汉语成语中牛的形容词，其一般用来形容某人脾气固执倔强、身体强壮或生活贫困等。如：“一牛吼地”，形容能听到牛的吼声那么近，比喻距离较近；“牛衣对泣”，“牛衣”是天气寒冷时用的覆盖物，“对泣”指相对哭泣，以此形容夫妻共同过着贫苦的生活。蒙语成语的词性大多数是动词，一般表示动作或状态，如发生事情、思考、夸赞等。例如，үхрийн эвэр дээр гарсан шоргоолж уулан дээр гарлаа гэж баярлах（爬上牛角的蚂蚁高兴地说爬到了山顶），牛的体格比蚂蚁高大几千倍，蚂蚁爬到牛角顶是不容易，但是爬到山顶更不容易，根本没爬到山顶的蚂蚁却跟人家说爬到了山顶，该成语比喻取得较小的成就就夸大炫耀自己。

8.4 “牛”词汇的网络特点

语义网络是由Quillian于NTR世纪60年代提出的知识表达模式，其用相互连接的节点和边来表示知识，由节点、边和边的标签组成。“节点”代表诸如物理对象、概念或情况之类的对象，“边”表示节点之间的关系，“边的标签”是对两者节点和边关系的说明。词汇网络，就是以词汇为研究对象，描述词汇概念、属性特点及其间的关系的网络。笔者运用Gephi软件进行中蒙“牛”词汇的概念网络特点分析。

8.4.1 中蒙“牛”词汇的感情色彩网络特点

笔者通过Gephi软件分析中蒙“牛”词汇的概念网络特点。汉语和蒙语同属于语言范畴，褒义、贬义和中性同属于词义感情色彩范畴。

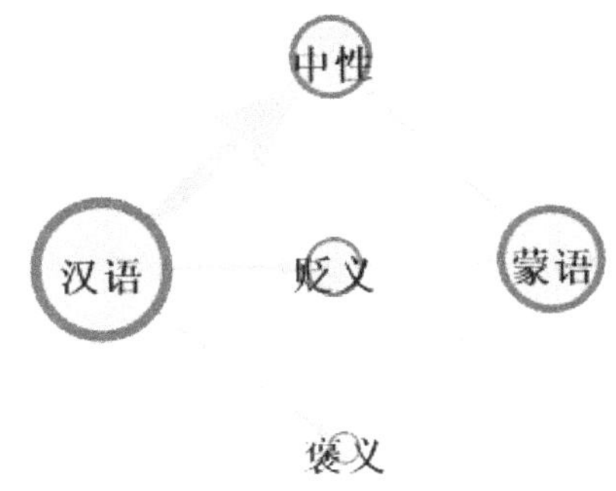

图 8-1　中蒙“牛”词汇的感情色彩网络图

如图8-1所示，汉语和蒙语中都存在“牛”作为构词语素的词汇，都与褒义、贬义和中性感情色彩发生关系，不存在感情色彩缺失的情况。按照“牛”词汇的感情色彩频次从高到低排列，汉语依次是中性、贬义、褒义，蒙语也是中性、贬义、褒义。两种语言关于“牛”感情色彩的概念分布一致，都是中性概念最多，褒义概念最少，说明两种语言对“牛”的概念取向相同，“牛”以中性概念为主要取向，也有一定贬义取向，反而褒义取向最少。两种语言的感情色彩网络图，和表8-1以词语、成语和俗语为基础的感情色彩统计数据一致。

8.4.2 汉语“牛”词汇的词性与隐喻网络特点

图8-2显示的是汉语“牛”词汇的词性与隐喻构词类型。汉语词汇词性按频次排序依次为名词、形容词和动词。

名词范畴最大，名词与隐喻构词边线最粗的是状物类，说明状物类名词数量最多，接下来依次是状貌类、属性类、动作类名词。名词是表示人、物、事、地点的词语。状物类“牛”词语一般是对牛的种类、与牛有关的场地、运输工具、食品的描述，因此在“牛”词语中，状物类名词最多。例如：牛的种类名有“种牛、奶牛”等；也有场地、场所的名称，如“牛宫、牛眠、牛田”等；

运输工具名称有“木牛流马、鞦牛、牛头船”等；食品有“牛奶、牛舌、牛心炙”等。状貌类名词出现频次仅次于状物类，是表示事物的形状、颜色、特征的名词，例如：“㹇牛”，即无角牛；“白牛”，白色的牛；“骊牛”，黑色的牛。

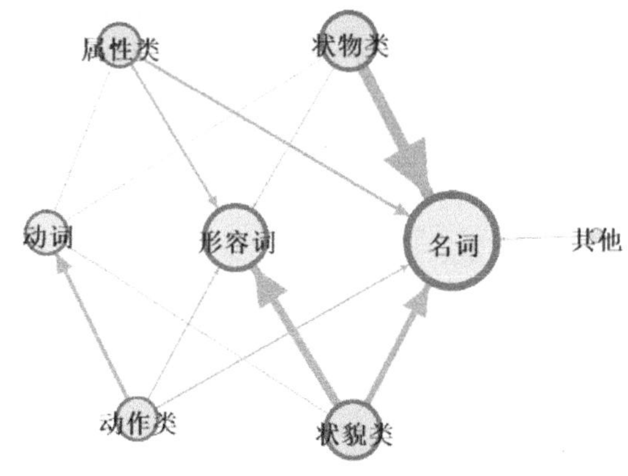

图 8-2　汉语关于“牛“词汇的词性与隐喻构词

形容词的隐喻构词边线最粗的是状貌类，说明状貌类形容词数量最多。状貌意为描述事物的形状样貌，形容词与之功能相似，都对描述对象起到修饰作用，因此，状貌类形容词自然是频次最多的。状貌类形容词一般用牛的外形、性格、力量等特点来形容某状态、特征。例如，“争猫丢牛”，牛的体重比猫大几百倍，该成语比较了猫和牛的体型，用它们的体型形容贪小失大。再如，“牛蹄中鱼”，意为牛蹄印坑里的鱼。生活在大江大河里的鱼无法在牛蹄印坑的积水里生存太久，活不了多久就会死，因此该成语比喻死期迫近。

动词范畴最小，其中动作类动词出现频次最高。“牛”词汇中的动作类动词是通过牛的行为或生活习惯来表示某动作或状态。“牛”相关的动词概念，一般与战争、思想、办事有关。例如，“休牛归马”，意为放回战争时所用的牛和马，因为战争停止了，把牛马放归，该成语意即战争停止。再如，“初生牛犊不怕虎”，意思是刚生下的牛犊不知道老虎的厉害。牛怕虎本是自然规律，牛虽然有力气，但是仍然比不过老虎的速度和力量，会变成虎猎杀的对象。该俗语将牛犊比作青年人，将风险很高的事情比作虎，因此该俗语比喻年轻人无畏艰险、敢作敢为。

8.4.3 汉语“牛”词汇的感情色彩与词义网络特点

图8-3显示的是汉语“牛”词汇的感情色彩与词义类型。汉语的感情色彩按频次高低依次为中性、贬义和褒义。范畴最大的是中性概念，而中性与本义边线最粗。这说明，中性概念的词义类型大部分是本义，也有少量比喻义。本义指原始的意义，所以一般来说本义都是中性词，如牛奶、牛肉、牛腰、牛衣、牛唇、牛排等。

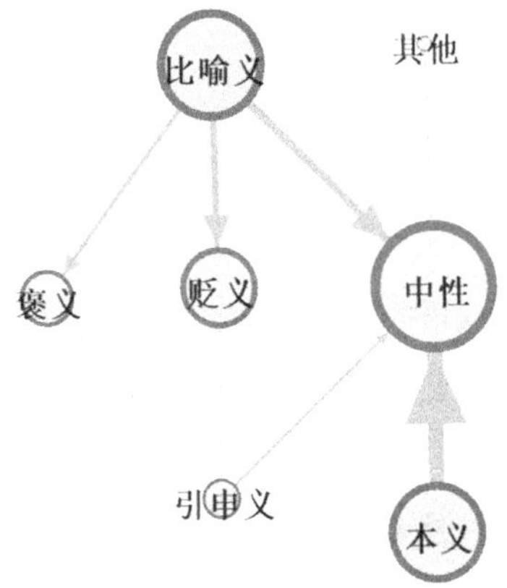

图 8-3 汉语关于“牛“词汇的感情色彩与词义类型图

如图8-3所示，比喻义与中性、贬义、褒义的感情色彩之间的边线从粗到细，依次为中性、贬义和褒义。成语和俗语常使用比喻的修辞手法，所以比喻义的词汇一般是成语或俗语，这和前文表8-1以词语、成语和俗语为基础的词义类型统计数据一致。具体阐述如下。

首先，比喻义与中性概念的边线最粗。汉语中性成语或俗语有，“以羊易牛”，出自《孟子·梁惠王上》，后世用“以羊易牛”来比喻用一个代替另一个。其次，贬义的比喻义居次位。虽然牛常常象征着勤劳、力量、身体强健等，但是汉语成语和俗语里“牛”常因其脾气和长相表示贬义。例如，成语“牛头马面”，是中国传统文化中勾魂使者的象征。再如，俗语“一朵鲜花插在牛粪上”，以鲜花比喻美丽女子，以牛粪比喻丑陋男子，这句话的意思就是美丽的女子嫁给了丑陋的丈夫。汉语里除了用牛来比喻长相的丑陋，还以之与脾气性格作比，如“九牛拉不转、气克斗牛、牛鬼蛇神”等。最后，褒义范畴是最小的，汉语常以“牛”表示人身体强壮，如“牛高马大”，以牛马高大的体型比喻人长得高大强壮。还有民间传说、故事相关的褒义词汇，如“牛生百犊”，比喻坏事在一定条件下可变为好事。

8.4.4 蒙语“牛”词汇的词性与隐喻网络特点

图8-4显示的是蒙语“牛”词汇的词性与隐喻构词的社会网络。蒙语“牛”词汇按词性范畴大小排序依次为名词、动词和形容词，其中范畴最大是名词，而名词与状物类之间的边线最粗，说明大部分蒙语名词隐喻构词类型是描述对象为事物的状物类。而蒙语“牛”词汇中名词的描述对象一般是动物名、植物、运输、工具等，和汉语名词的描述对象几乎相同。例如，монгол үхэр（蒙古牛），原产于蒙古的一种牛；үхэр загас（牛鱼），一种黑色的、多齿的鱼；үхэр гал（牛火），火势旺盛的火堆；үхэр чулуу（牛石），大石头；үхэр даалимба（牛布料），一种粗糙的布料。

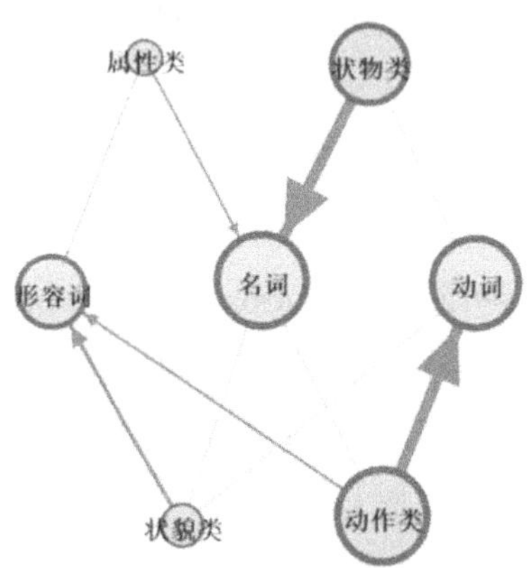

图 8-4　蒙语关于“牛”词汇的词性与隐喻构词图

蒙语“牛”词汇中动词和名词的范畴大小区别不大，动词与动作类之间的边线最粗。动词是表示某行为动作和状态的词语，其构词理应为动作类。例如，

үхрийн дэлүү хатгах（刺牛脾）是一种传统的兽医术。蒙语俗语үг олдож，үхэр холдлоо（找话了，牛离远了）意思是跟他人聊了很久，会话应该结束了。该俗语产生的文化背景就是草原游牧文化，牧民放牛时如果跟他人聊天时间久了，牛就跑远了，所以这个俗语表示该结束谈话、做自己的事情的意思。又如，俗语үнэнээр явбал үхэр тэргээр туулай гүйцнэ（如果你诚实，牛车会赶上兔子）意思是诚实总会赢。无论如何牛车都不会追赶上兔子，因此该俗语描述了忠实的重要性。

蒙语“牛”词汇中形容词的范畴最小，形容词与状貌类和动作类所连接的边线较粗，说明蒙语中“牛”的形容词一般用牛的状貌或行为来形容另一事物的状态、特征等。例如үхэр тэрэг шиг（像牛车）或үхэр тэрэг шиг（像牛一样慢），都表示速度慢。

8.4.5 蒙语“牛”词汇的感情色彩与词义网络特点

图8-5所示为蒙语“牛”词汇的感情色彩与词义类型。蒙语“牛”词汇的感情色彩按照范畴大小排序依次为中性、贬义和褒义。范畴最大的是中性概念，中性义与本义的边线较粗，说明大部分中性概念的是本义词，这和汉语中“牛”词汇的感情色彩与词义类型情况相同。通过图8-5可以看出，蒙语“牛”词汇大部分为中性本义词，比如үхэр хэрэх（串牛），意为将两头牛的脖子连接起来；үхэр шахах（挤压牛），意思是让肉牛肥胖。词义类型为比喻义的中性词频次也不少，比如，үхрийн сүүл хуга хөлдөм（像牛尾冻得折断），比喻天气寒冷，冷到会把牛尾冻得折断；үд болтол унтаж, үхрийн дуунаар сэрэх（睡到下午，被牛鸣声叫醒），该句与蒙古牧民的生活习惯有关，牧民凌晨起床挤牛奶，把牛赶在离家较远的地方，直到下午牛才回来，因此这句话的意思是人被下午回来的牛的叫声吵醒，表示人睡了觉。

蒙语“牛”词汇只有比喻义有贬义和褒义色彩，成语和俗语常使用比喻手法。与表8-1显示类似，蒙语中“牛”成语的中性义和贬义多于褒义。蒙语“牛”词汇的贬义概念一般表示办事的烦恼、眼界窄小、不孝等。例如，үнээ дагасан бух шиг（像追随母牛的犍牛一样），意为喜欢美女的男人；тэжээсэн бяруу тэрэг эвдэх （被养的牛犊破坏主人的车），意为无孝心；үхрийн эвэр дээрээс хулгана барих（从牛角上抓老鼠），表示做不可能的事、做无效的工作，这是因为牛角面积小、不好抓，老鼠也是难抓的动物，因此该成语表示不可能的事。

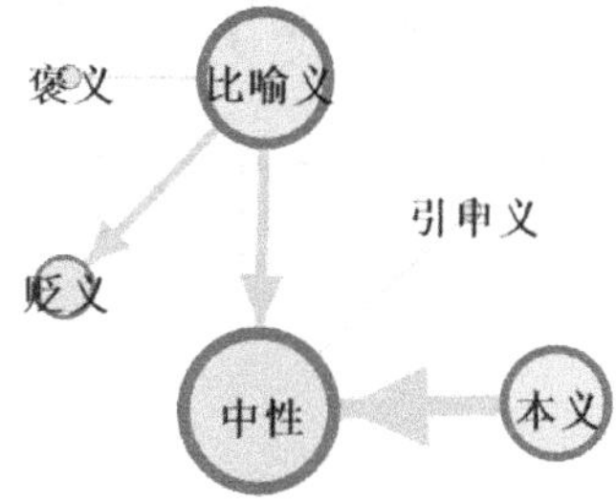

图 8-5　蒙语关于“牛”词汇的感情色彩与词义类型图

褒义概念是范畴最小的，“牛”词汇的褒义概念一般表示忠诚忠实、目光温暖等，成语үнээ нь хар боловч сүү нь цагаан，үг нь хатуу боловч сэтгэл цагаан（虽然母牛是黑色的，但牛奶是白色的；虽然说话很生硬，但心是好的），比喻说真话的人都不是坏人。

8.5 “牛”语素词的相关教学思考

中蒙两国的语言文化交流向纵深方向不断发展，有着密切的交流，但也需要更深入地把握两国间语言文化的差异。因此本章对中蒙以“牛”为语素构成的词汇进行比较研究，从感情色彩、词性、词义类型以及隐喻构词的角度来分析每一种动物词汇中的词语、成语和俗语。

由于两国的文化背景、生产生活方式不同，成语和俗语等隐喻词对汉语学习者造成了文化认知和跨文化交际上的阻碍。在教学时，要注意词义表达的可接受性及文化差异。汉语学习者应加强对相关词汇的传说、民间故事和成语典故及其背后的文化内涵的了解，才能更好地理解中国文化和中国人的思维方式，避免在交流过程中产生误解与隔阂。

第 9 章 《新汉语水平考试HSK词汇表》用字特征和汉字教学

9.1 引言

汉语国际教育语言知识教学内容包括语音、文字、词汇、语法、篇章与文化等。从语法层面来说，应该包括语素、词、词组与句子四个语法单位。因此，无论从语法层面，还是语言知识层面，词或词汇教学都是重要环节。近年来，研究者非常重视词汇教学，将词汇教学贯穿于整个教学过程中，存在某种程度的忽视文字或语素教学的重要性问题，例如，有些学校没有专门的汉字课，即使开设汉字课的学校，其课时安排也相对较少，汉字教学与词汇教学、语法教学等割裂。本章尝试将词汇学习与汉字教学相结合，从词汇中的用字，探讨汉字使用特点，说明汉字学习的重要性。《新汉语水平考试HSK词汇表》以词和词组为主，作为HSK试卷命题的指导，在一定程度上决定了汉语国际教学与外国留学生习得汉语的标准内容，因此，意义非同一般。汉语是表意性质的文字，汉字本身以及由单音节汉字构成的词或语素都具有一定的表示功能。汉语表音表义符号的具象性特征，决定了习词必先认字，组句必以词为条件。所以，无论外国留学生汉语水平如何，要习得词汇表中的词，必先掌握其字，因此，对词汇表收字情况及特征的分析，将有利于留学生掌握汉语词汇和教师有目的地开展汉语词汇教学。

9.2 《新汉语水平考试 HSK 词汇表》的构成与分布

新HSK共分六级，一级词汇量150个，二级词汇量300个，三级词汇量600个，四级词汇量1 200个，五级词汇量2 500个，六级词汇量5 000个及以上。根据考试大纲说明，新HSK与《国际汉语能力标准》《欧洲语言共同参考框架》相对应，通过量化分析《新汉语水平考试HSK词汇表》（2012年修订版），汉语水平词汇表具有如下表9-1分布和变化特点：

表 9-1 汉语水平词汇的音节分布 （单位：个）

水平等级	词汇量	单音节词	双音节词	三音节词	四音节词/词组
一级	150	82	61	7	0
二级	300	155	130	12	3
三级	600	247	325	23	5
四级	1 200	359	786	49	6
五级	2 500	547	1 858	87	7
六级	5 000及以上	716	4 027	133	124

从单音节词看，一级到三级呈现两倍增长，四级至五级单音节词增量相对较少，双音节词从五级到六级呈现两倍以上增长，四音节词较一级至五级，增长明显。双音节与三音节词都呈现阶梯式增长。从音节上来看，一级到三级，单音节词和双音节词是整个考纲的侧重点。从四级开始，双音节词所占比例明显增加，更注重对双音节词的考察，同时三音节与四音节词作为考察内容明显增多。所以仅从词的音节构成上看，从四级开始，特别是五级到六级，词的数量与难度更为突出，新HSK考纲词汇在音节上的分布特征，应该作为初中高不同等级汉语教学的参考。

9.3 研究现状

张博（2015）分析2010年《新汉语水平考试词汇大纲》重大轻小的现象，认为研制词汇表应该考虑词汇认知加工模式、语言单位的取向和语义的透明度等，应该坚持词本位，同时兼收语义不透明的语块，在单语素词和复合语词常用度相当的情况下，优先收录单音节词。有的学者认为词汇大纲的成语教学要与语义结合（武杨，2016）；有的学者从借代词角度分析《新汉语水平考试词汇大纲》中30个左右的借代词类型（弋丹阳，2014）；有的把大纲中的名词与汉语国际教材进行比较，提出以汉语国际教材语料为基础编制大纲词汇（江新，2006；高松2014）；有的对比大纲与《现代汉语词典》中的轻声词，建议按照《现代汉语词典》与学者的最新成果对轻声词进行完善（崔言，2014）；有的通过新HSK试题与大纲词汇的对比，发现大纲词汇使用率过低、超纲词数量庞大、词量标准、等级设置和词汇收录等有问题，建议从词汇量、规范收词与依据词频完善大纲（周子衡，2012）；有的以大纲四级收录的1 200个词汇中的554个形声字作为研究对象，分析这些形声字古今读音、声符形符与形声字的关系，以此设计汉语国际形声字教学（莫鸿晶，2013）；有的从认知范畴上区分多义名词义项关系，分析大纲中的语气副词和使用过程中的偏误，把大纲中以“手”为构词语素的合成词、手部单音节词和手部双音节词作为研究对象，从语义上进行分类，从语法语用层面作频率分析和留学生使用情况调查（梁雪双，2013）；有的分析大纲中的同形词，提出重语音教学、语块教学、采用集中法、反义法和适度调整法开展同形词教学，有的把考试大纲中的14个并列连词作为研究对象，从篇误角度开展并例连词教学；有的把词汇表中的133个动词在词典中的释义功能和释义方式作对比研究，探讨国际汉语教育学习词典的释义编排原则（赵锦丽，2010）。自《新汉语水平考试HSK词汇表》颁布，上述研究主要集中在词的分析和词汇教学上，这正体现了以考促教、以考促学的研制目的和从旧HSK考教分离到新HSK考教结合的转变。

9.4 《新汉语水平考试 HSK 词汇表》用字研究的源起及分析

除上述学者从词汇层面开展研究之外，构成双音节词之间的语素关系、词性的整体研究都是深入研究的重要内容。除此之外，词汇表的用字研究，也是不可回避的内容。

词是语言中能够独立运用的最小的音义结合体，语素是构成词的最小语义单位。而字是词的视觉表现。因此，只要是涉及书面语的语言学习，认读字都是学习词与理解词的基础。汉字有着几千年书写的历史，大多数汉字形体具有示义与表音的功能。在教学过程与习得过程中，汉字教学成为词汇教学的一种途径。识别汉字成为掌握词汇的一种直接方式。

从语言习得与加工机制上看，从语素、词（词组）到句子的加工过程更符合人的理解与认知习惯，单音节语素构成的词通过字形直接显示出词的意义，而以单音节语素构成的双音节合成词，其语素义将成为词义的部分或者核心意义。所以认识单音节语素构成的字，更有利于理解合成词。如果直接学习多音节词或词组，在没有掌握单音节词的情况下，将难于分析词的结构与语素，更难于对相关语素义形成正确的类推机制。

新汉语水平考试HSK词汇以词本位为主，兼顾字本位。因此，相对于旧HSK的8 000个词，在字本位原则下，新HSK词汇表在数量上没那么多，但“含金量”没有降低（张晋军，2010）。新HSK词汇表词本位为主兼顾字本位的指导思想，说明字本体思想在词汇表中有所体现，而这种体现首先表现在词汇表中的词数量，但这里提出的“含金量”到底是什么，词汇表用字有什么特征，从用字角度看新汉语水平考试词汇表的设计是否恰当等问题，都迫使我们从字本位角度研究和认识词汇表。

另外，上述学者的研究都是以词为中心的研究，有关词汇表用字的研究成果还较少，因此，用字研究能进一步完善词汇表的选词范围，从更多视角认识与评断词汇表的合理性与科学性，也有利于有针对性地开展国际汉语汉字与词汇教学。对母语学习者或二语学习者来说，掌握汉字是书写和认识词的基础，认汉字成为识词不可或缺的条件，故对词表进行字的研究，包括字的分布、内部字频、总计用字等。

表 9-2　汉语水平词汇、字数与频次分布　　（单位：个）

等级	词汇量	总用字数	不重复总字数	2频次以上字	字重用率①	去重后用字数②
一级	150	225	174	36	38.67%	
二级	300	463	347	79	42.11%	173
三级	600	986	617	204	58.11%	270
四级	1 200	2 102	1 064	440	70.31%	447
五级	2 500	4 556	1 685	846	81.58%	621
六级	5 000及以上	9 665	2 663	1 493	87.89%	978

从表9-2横向看，从一级到三级，词汇量与不重复字数基本相当，相对于不重复总字数，2频次以上字量较少，仅用1次的字相对较多，在等级考核中识字用字应该非常重要；四级至六级词汇量增加明显，而用字并没有明显增长，四级词汇量与不重复字数基本一致，而且440个2频次以上的字覆盖了70.31%的词汇，这400多个字在掌握词汇中作用明显；五级词汇量较用字量较多，2频次以上的字覆盖了81.58%的词汇，这846个汉字，在掌握词汇的过程中作用突出；六级用字近1 200个，占了近13%，这些只出现一次的字可能成为掌握词的障碍。从纵向看，从一级至六级，总字数、不重复总字数、2频次以上字数和字的重用率都随着词汇量的增多而增加，但是，某些局部特征表现出识字与识词的细微差异。总字数从一级的225字到六级的近万字，其中无重复汉字只是从174字增加到2 663字，总字数接近我们通常所说的掌握3 000字左右，即可进行日常的汉语交流与书写的要求。其中，一至二级不到400字，可见对字与词的要求都很低，识字用词在数量上难度不大。四级较三级用字增加明显，说明了认识四级汉字的重要性，因为词数量增加较多，所以四级较三级在识字与用字上的难度跨度比一至三级更大。四级至五级虽然总词汇量也成倍增加，但是不重复汉字数相对于词汇量增加不多。而五级到六级不重复总字数增多了近1 000个，在六级中，不仅要掌握词，更要掌握很多新的字。在字的重用率上，一二级低于50%，而五六级的重用率在80%以上，

① 字重用率是 2 频次以上字的和除以总用字数。

② 在高一级含有而在低一级中无的字符数，即表示高一级词汇表的新增字数量。

重用率表现出以该汉字作为语素独立成词或作为语素复合成词的程度，这一部分用语素教学或通过语素方式引导学生习得词汇（特别是词义透明的词汇）效果会更好。把低一级的汉字从高一级的词汇表中去除，得到高一级词汇表中增加的字，这些字就是新增字，如，二级相对于一级增加了173字，六级相对于五级增加了978字。这些新增字，应该被充分考虑，他们是衡量高一级汉字与汉语水平的标尺，应该是高一级教学与考试的重点。上述词汇表中所表现出的用字特征，以词本位为主，兼顾字本位，逐渐增加的汉字量和一定比例的重用率，体现了汉字“黄金量”的规律运用。

另外，从2频次以上字的总次数与总字数相关性来看，随着词汇表用字的增加，单音节汉字作为成词语素的量相应增加，呈现出构词语素与总字数关系较为稳定的特点，在一级至六级中二者相关性较高。同时，在汉字数量上，一级和二级要求掌握的数量较低，三级虽有所提高，但是难度与一二级相差不多。五级较四级词汇的难度明显增大，而六级较五级难度成倍增长。仅从汉字上来看，一二三级难度区分不明显，五级难度有所提高，六级难度明显提高。结合表9-2，六级增加了近1 000个新字，这些汉字应该是学习的难点。

随着汉语等级水平的提高，词所使用的总字数不断增加， 2频次以上的词也在成比例增加，等级越高，词所涉及的总字数增加越多，2频次以上的字数也增加越多。字的复现率的增加，要求学习者在书面语学习的过程中，要有足够的精力与时间，注意不断复现的字，以及以字为基础构成的词及词型异同。不同等级词汇表的汉字频次分布具有不同特点，说明在不同学习阶段，对留学生要求掌握的字具有不同的要求，而高频字及高频字所构成的词，一定是汉语学习者学习的重点。

如前文所述，我们看到2频次以上的字覆盖率最少占了38.67%，因此要重视汉字作为语素构词的情况。通过表9-2可以看到2频次以上的字在不重复的总字数中所占比例相对较低，因此还要重视只运用一次的汉字教育。从三级开始，我们看到有些字出现频率提高，这些字因重现度较高，学生反而更容易掌握。特别是低一级出现一次，在高一级中多次重现的字，在高低级阶段都要重视，而高一级中出现一次的汉字，在教学与习得过程中应该更加注意，如一级中出现的“本”字作为单音节汉字构成的词，在四级中作为前置语素“本来”和后置语素“笔记本”，到五级中出现了“本科、本来、本领、本质”和“根本、基本、笔记本”，到了六级由本构成的词组增加到18个。所以低一级汉字习得将为高一级合成词习得打下基础。这种低一级的汉字，在高一级或者更高一级的词汇表中重现，有利于留学生汉语知识加工机制的培养，形成长时记忆。

留学生在由低一级汉语水平向高一级汉语水平学习的过程中，对高一级汉语水平所出现的汉字进行全面的把握将更有利于词汇的习得。所以分析词汇间的差异性，有助于有针对性地开展教学内容，对汉语知识本体有全面、清晰且分级的把握是进行建构主义基础上教学的要求之一，举例来说，通过一级考试的汉语学习者，想要通过二级考试，首先要具有一级水平的基础知识，还要了解二级水平汉字本体知识的具体内容，才能有针对性地对高等级的汉字或汉语进行学习。表9-2中，二级较一级增加173字，三级较二级增加270字，四级较三级增加447字，五级较四级增加621字，六级较五级增加978字，这些字是在高一级的教学与水平检验中的重点内容。如，四级中的“受”字相对三级是新增字，作为成词语素组成“接受、难受、受到和受不了”四个词或词组。那么在四级中像“受”之类的字的习得就非常重要。

9.5 《新汉语水平考试HSK词汇表》与《通用规范字表》比较

《通用规范字表》作为现代记录汉语的通用规范字集，共收录汉字8 105个，其中一级汉字3 500个，满足基础教育和文化普及的需要；二级汉字3 000个，主要满足出版印刷、辞书编纂和信息处理方面的需要；三级汉字1 605个，满足专门领域用字需要。汉字的使用频率是入选各等级的标准。所以《通用规范字表》在一定程度上代表了现代中国语言文字的使用状况，而且处于较低等级汉字的通用程度最高。《通用规范字表》颁布于2013年，《新汉语水平考试HSK词汇表》修订于2012年，2 663个不重复汉字是否全在《通用规范字表》一级汉字内，一方面可以印证《通用规范字表》的合理性，另一方面可以印证

《新汉语水平考试HSK词汇表》用字的标准问题。因此，将两者作比较具有一定的现实和指导意义。通过比对发现，侃、甭、熨、暧、攒、髦、阂、辕、惮、啬、暄、磋、嗯、嗨、嘈、阱、饪、诧、咀、晤、迸、锲、嚏、裔24个字是《新汉语水平HSK词汇表》中的用字，却未出现在《通用规范字表》的一级汉字中。按照《通用规范字表》原则，这些字应该不属于“满足基础教育和文化普及的需要”，也就是以上24个字，应该超出了基础教育的范围，其难度可想而知，更不用说对这些字的理解与运用了。这24个字与《通用规范字表》的位置关系、出现情况、次数、词表等级见表9-3：

表 9-3 汉语水平词汇表用字与《通用规范字表》关系

字	字表	词表等级	出现条件	次数	字	字表	词表等级	出现条件	次数
侃	3 956 侃	6	侃侃而谈	2	嗯	5 465 嗯	5	嗯	1
甭	4 164 甭	6	甭	1	嗨	5 470 嗨	6	嗨	1
熨	---	6	熨	1	嘈	5 694 嘈	6	嘈杂	1
暧	5 698 暧	6	暧昧	1	阱	3 638 阱	6	陷阱	1
攒	---	6	攒	1	饪	3 752 饪	6	烹饪	1
髦	5 628 髦	5	时髦	1	诧	4 057 诧	6	诧异	1
阂	4 319 阂	6	隔阂	1	咀	3 909 咀	6	咀嚼	1
辕	5 685 辕	6	南辕北辙	1	晤	4 814 晤	6	会晤	1
惮	4 992 惮	6	肆无忌惮	1	迸	4 321 迸	6	迸发	1
啬	4 781 啬	6	吝啬	1	锲	5 731 锲	6	锲而不舍	1
暄	5 447 暄	6	寒暄	1	嚏	---	5	打喷嚏	1
磋	5 679 磋	6	磋商	1	裔	5 545 裔	5	华裔	1

在表9-3中，字段“字”表示《新汉语水平考试HSK词汇表》中有而《通用规范字表》一级表中没有的字，“字表”是该字在《通用规范字表》位置信息，“词表等级”是该字在《新汉语水平考试HSK词汇表》哪个等级出现，“出现条件”是该字在《新汉语水平考试HSK词汇表》中出现的形式，“次数”是该字在《新汉语水平考试HSK词汇表》等级中出现的次数。由表9-3可知，这24个汉字大部分集中在六级词汇表中，五级词汇表中只有其中5个汉字，六级词汇对学生掌握历史文化内容提出了更多要求。在形式上表现为约定俗成的

成语，如“南辕北辙、锲而不舍”等；具有历史来源的合成词，如“吝啬、陷阱、隔阂”等，这些合成词主要是语素义相近的并列式合成词；常用词但不易书写的字，如“打喷嚏、嗨”等。因此，在六级的汉字学习与词汇教学的过程中，对于生活中经常用但字形较繁而难于书写的字，应给予一定的关注，汉语成语、俗语，特别是包含历史文化信息的词，更是六级汉字教学与词汇教学的重点。这些字虽然出现的频率不高，但是由于六级考试中有一定超纲词，加上留学生对中国传统文化认知的缺失，所以成为六级阅读与理解的障碍。

《通用规范字表》一级中有而新汉语水平考试词汇表中无的字共862个，在中国的文献或日常生活中，有些字的使用频率非常高，但是在《新汉语水平考试HSK词汇表》中没有出现，更没有用这些汉字作为成词语素组合成词。这些字从内容上分为以下几种类型：①姓氏：贾、曹、聂、蔡、冯、姜、徐、阎、邓、蒋、赵、宋、郭等。②国名地名或植物名：藕、槨、榴、菊、槐、梅、柏、闽、沈、粤、秦、殷等。③含贬义色彩：馁、狰、窘、诡、淫、懦、秽、妖等。④化学元素及名称：磷、氨、钾、锌、氮、硫、硅等。这些字未出现，其实是汉字教学及文化教学的缺失，如“秦”字，既可以是姓氏，又可以是中国第一个封建王朝的国号，如果从来没有接触到这类字，必将给文本阅读与写作造成障碍。同时，姓氏是在留学生学习与考试中都不能回避的内容，如果不注意同样会影响对文章的理解。含贬义色彩的词同样是词汇表学习中要注意的，因考试内容的限制，贬义的词出现得较少，而在短文阅读中又出现较多。化学元素及名称用字，也是教学与学生自身容易忽略的内容，这些内容同样要引起重视，所谓超纲词字，很多情况下都是这些内容，而这些词又是理解短文风格的关键。从构成上来看，这些字既可以独立成词，又可以作为成词语素，如一级汉字“侍”，由“侍”构成的词“侍卫、侍从、侍女、侍者”等；又如一级汉字“诲”，以及由“诲”构成的词“教诲、诲人不倦、谆谆教诲”等。在《新汉语水平考试HSK词汇表》中，这些字以及由这些字为成词语素构成的词均未出现，但作为汉语母语者经常用的字，在汉语水平考试中会出现。最后，有些词汇表中没有出现的常用字，可以作为构字的部件，而这些构成的字既可以独立成词又可以作为成词语素构成新词，如一级汉字“皿”排在第259位，在汉语母语者中使用频率较高，作为成词语素构词后使用较多的词有“器皿、皿器”等，《新汉语水平考试HSK词汇表》中无“皿”字，也无“皿”字构成的词，这就增加了留学生辨识“皿”字及所构成词组的难度。然而，在《新汉语水平考试HSK词汇表》五级和六级词汇表中“皿”作为构件构成的字词有“盘、盘子、光盘、键盘、盘旋、盖、覆盖、盖章、膝盖、掩盖、盛、昌盛、丰盛、茂盛、盛产、盛开、盛情、盛行、盗、盗窃、盆、盆地”，由于缺少“皿”字作为字或词的要求，所以留学生在学习时，对构件“皿”所构成的字及其字义了解并不清晰，增加了认字难度，因此，就需要教师在教学过程中，增加对“皿”字和它构成的词的教学，提高留学生词汇加工与联想能力，降低在阅读汉语材料时的识字难度，提升应对汉语水平考试的综合能力。与“皿”类似的还有“爪、尼、匿、屯、宛、夭、禾、尧、匕”等。

9.6 《新汉语水平考试HSK词汇表》中的重出字

所谓重出字，是一个汉字在词汇表中出现两次及以上的字，原则上重出字应该越少越好，但词汇表在编制中不可避免地会出现字的重出现象，字的重出，可以看作同一语素义构成的不同的词。这些重出的字或者构成的词，因为有些语义项被强化，而有些语义项或语义匹配缺失，不利于留学生形成完整的概念语义网络。

通过上述对《新汉语水平考试HSK词汇表》词汇构成、《新汉语水平考试HSK词汇表》不同等级之间字的对比、《新汉语水平考试HSK词汇表》与《通用规范字表》以及《新汉语水平考试HSK词汇表》中的重出字的介绍，我们可以看到，《新汉语水平考试HSK词汇表》的设计、数量递进关系与用字范围有严谨的科学依据。但是通过与《通用规范字表》作对比，我们发现，《新汉语水平考试HSK词汇表》在用字上有超过基础教育需要用字的情况，而且两者的用字字形存在不统一的情况，特别是有的具有完整语义概念表达的汉字，却没有在《新汉语水平考试HSK词汇表》中出现，这必然会造成留学生理解与认识汉字困难。本章从文字角度探讨《新汉语水平考试HSK词汇表》的用字特征，发现了一些需要注意的问题，在依据《新汉语水平考试HSK词汇表》进行汉语教学与汉语考试指导的同时，提出一些基于汉语要素的教学建议和补救办法。

9.7 基于《新汉语水平考试 HSK 词汇表》用字的词汇教学建议

基于《新汉语水平考试HSK词汇表》用字特征，从汉字的“形、构、用”三要素分析词汇表中汉字教学的难点，并根据学习者现有的知识水平，确定汉字教学的侧重点与先后顺序。同时，为系统习得《新汉语水平考试HSK词汇表》，在词汇的汉字教学中要重视汉字的系统性与规律性。

首先，要充分认识汉字要素。

汉字要素包括汉字要素数量与汉字要素内容两个方面。当前学术界与教学界存在着两种不同的观点：都承认汉字三要素说。但是，在汉字要素内容上，一种是“形、音、义”三要素说，另一种是“形、构（意）、用”三要素说。其共同要素是对汉字字形的认识，但是持前一种观点的学者，对“形”的认识也有差异。形音义说在学术界与教学界影响很大，无论是对母语为汉语者，还是汉语作为第二语言者，很多教学方法与研究都是从形、音、义的角度识读汉字，大家普遍认为只有掌握了汉字的形、音、义三个方面的内容，才算是掌握了汉字。但是，我们认为形音义三要素说存在缺陷。首先，三者处于不同的层面上，“形”是指汉字的形体，“音”是指汉字从词继承的声音，而“义”属于词在使用过程中所体现的意义。“音、义”是词所具有的特性，而“形”是词借助形体所贮存的意义。其次，汉字中存在着有音义而无形的字，如方言词（字）。再次，汉字是表意文字，在长期的历史发展与演变的过程中，产生了很多的汉字，因记音功能不强，有很多汉字，我们现在只能看到它的字形，以及在语义环境中所表现出的意义，而无法确定汉字的读音。最后，有的字只是代表一个词的音节，这样的汉字只能知其读音，而没有意义。另一种是从汉字的本体出发认为汉字的三要素是“形构用”，“形”是汉字成立的前提，是视觉感受到的直接印象，是每个汉字任何时候都具有的外部形态；“构”是源于客观事物、抽象概念和语言音义的认识，通过汉字内部的构件体现汉字的构意；

“用”是汉字的使用职能，即汉字在使用过程中，字与字之间体现出来的字际关系与字的职能。所以形构用从汉字构成、汉字形体与汉字职能三个方面说明汉字要素，而形音义三要素说中的音义处于汉字用的层面，而忽略了汉字构件表义或表音、字形表义及构件组合表义的情况。所以，从汉字本体来说，应该从形构用三要素，从事汉字教学与研究，当然，如果从言语交际的目的，要重视汉字的发音语音，但是，不能以此作为汉字的要素。

其次，汉字字形属性与汉字教学。

汉字字形属性是从汉字的书写风格上来说的，分为两种情况。一是历史演变过程中的汉字字形；如“月”字，甲骨文作“ ”，金文作“ ”，小篆作“ ”，宋体作“月”，楷体作“月”，草书作“ ”。二是不同地域、不同书法家书写风格的汉字字形。同一汉字不同书法家与书写者，会形成外形上的差异，如启功先生的“福”， 颜真卿的“福”等。所以既有历史层次的字形与字体的演变，也有共时层面的不同地域与书写者造成的外形差异。共时层面与历史层面书法方面的字形不同，是汉字书法学的教学内容，如果从汉字的识字教学，这种类型的汉字是不利于汉字教学的，当然，它本身也不是汉字教学的重点，而是书法教学的重要内容。而不同时期字形与字体的差异，可以作为汉字溯源与推源的途径，特别是根据早期汉字的字形，很容易得出汉字所包含的意义，这是汉字教学的重要方法，即历史溯源的汉字教学法。根据汉字字形总体的演变规律，借助字形的演变来解释汉字，推求汉字形义发展。如早期汉字大多是对客观事物与行为的概括反应，进而构成平面的抽象符号，用早期字形的具象性特征，使汉字教学由象到义，再到标志性构件义与音的结构教学中，这符合汉字产生、构造与汉字认知的规律与特征，也适合汉民族词汇引申而产生汉字的思维习惯。通过这种方式，也可以拓宽母语非汉语者的汉字习得途径。

再次，汉字字构属性与汉字教学。

长期认为六书理论是解释汉字构造的最早的系统理论，但是，因为许慎《说文解字》本身也没有对六书作出明确的界定，加之，许书本身用六书解释汉字存在牵强附会的情况，关于六书的争论一直没有停止过。总结起来，存在学术体系与教学体系两种不同的观点。在学术上，认为汉字的产生与发展都是在六书理论范围内演变的，后来，又发展出“四体二用”说，但是，还是有很多汉字无法用六书得出合理的解释，以至于后代把六书分出很多的小类解释汉字的构成，六书学的汉字研究与汉字教学越走越远。有些近代学者把六书简化为三书，但这样又削弱了汉字构造与分析的意义。在教学层面上，李运富从六书作为教学体系出发，认为象形与会意是汉字形体的两种来源，形声与指事是汉字构造的两种造字方法，转注与假借作为用字方式来理解。但这里的形声，除了表示义或示形构件与示音构件组合外，还可以指造字初期，以形义结合后，再与声音约定俗成的结合方式，构成的形声，也就是说，教学体系的六书理论，只有形声与指事属于造字方式。无论上述两种研究怎样考察六书，都承认六书全部或部分是属于汉字构造，但都没有从理论与系统上解决汉字构造的问题。特别是现代汉字，很多都不能用六书理论来解释说明。在教学实践中的指导意义受限。为了解决上述问题，我们采用构件与构件组合方式并用的方法，即汉字的构型理论来解释汉字的构造与组合。它既可以用于理论研究，又可以用于指导汉字教学。

从字构角度出发的汉字教学，存在三个需要解决的问题。一是汉字构件层级、组字构件数量与汉字使用频率的问题。一般来说，远古汉字构件层级少，而组字构件的数量也较后来少，便于讲解，但是，现代汉字教学里，组字构件的层级与构件的数量与汉字的使用频率并不成比例。从字构角度，应该先讲解构件层级少、组字构件数量少的字，如“凸”“凹”“夭”等。从语言使用的角度，应该先讲解用字频率高的字，如“我”“都”“爱”等。从语言是交流的工具的角度，应该从字的使用频率出发，再结合汉字构件层级、数量从少到多的顺序进行讲解。二是汉字作为表意的方块文字，要看到构件义、构件组合义、构件组合方式与构件摆放位置等多重因素传达出的汉字意义。汉字构件发展到现代数量较为稳定，构件组合义理据性也较为清晰，其组合方式的“交叉、相接、相离”与摆放位置“左右、上下、包围”已经固定。任何一个因素的变化，都可以造成汉字词义的变化。如改换位置的“案”与“桉”，改换组合方式的“甲”与“由”，更改构件的“炮”与“饱”。所以相对英语等线性的记音文字，汉字书定属性与方块内构造的多样性，增加了汉字认知的难度。但是，我们可以利用汉字表意性，通过构件及其规律，认识脱离时空的汉字意义。如“驹”，我们大概可知它是属于马类，句声的，可以根据独体字义，参构成字时构件所带的音义，进行系统与类聚的汉字教学与学习。如同源字系列也可以根据构件组合后字形所反映的意义，进行语素教学。三是构型理据的变化所造成汉字认知困难。除原初造字阶段，先民采用物象造字直明其字义外，汉字发展到变易阶段，或者再早一些时期，汉字就脱离了象形性与指事性特征，开始了标示化与抽象化的构字过程，使汉字构型理据随时都有可能发生变化。造成理据发生变化的原因，既有书写工具与载体的原因，更有由于汉字体系成熟，人们认识深入与社会发展的原因。为满足人们的记录需要，社会出现新义时，人们通过构件变化与构件组合等方式来表达新义，其结果就造成汉字理据的部分消失、完全消失，或汉字理据的重构。在汉字教学中，理据完全消失或部分消失的字，加大了汉字认知的难度，而理据重构的字可以通过古今对比，用汉字自身组合规律与其他文化因素来解释，提升了这类汉字的认知效率。当然，这就需要我们的教师具有较强的汉字教学素质与专业知识，对构件、构件组合、理据变化有一个较为系统的认识与把握。

最后，汉字字用属性与汉字教学。

汉字的字用才是汉字认知的最终目的与汉字教学的最终归宿。其字形与字构的认知，都是为了字用的目的。而汉语作为世界上语义最丰富的语言，由于其历史悠久，文献材料众多，词汇及其语义丰富，故汉字的字形较之词义就少一些，出现字与词的不对应，加之人类生活需要的有限与同时期字的相对稳定，必然出现字少词多的现象。在字用层面，汉字的记音功能不强，存在大量的多音字、同音字，这类字是记忆与识读过程中的难点。特别是在古代汉语中存在着大量的通假字、假借字、古今字与异体字，这就造成字与字之间的使用存在着本字本用、本字借用、借字借用等众多的字用关系与字用职能，如“女”与“汝”、“莫”与“暮”。另外，相对于英语一字一词、词缀又可显示词性与词义的特征，汉字或者说汉语缺少形态标记，也造成了字用层面的认读难度，所以汉字教学中的字用教学，在三要素教学中难度最大。那么，我们怎样开展教学呢？首先，可以把字形与字构的认知作为字用教学的参考，因为字形与字构所反映出的意义，有很多都是字用时的词的实义。其次，从方法论上讲，可以采用类比法、语法辅助法与比较法等确定汉字在言语材料中的职能。

9.8 汉字三要素的相关教学思考

通过上述分析，我们看到汉字三要素在汉字认知中的难度是不同的。在汉字认知与教学过程中，我们从《新汉语水平考试HSK词汇表》用字的特征及其分布情况，以及《新汉语水平考试HSK词汇表》用字与国家《通用规范用字表》的比较，发现面向留学生的汉语词汇表用字的一些特点，从这些特点出发，提出依新汉语等级词汇表为基础的用字教学，不仅要从汉字要素出发，分析教学的起点、重点、难点，更要注意到教学对象与学习者的知识水平，从学习者的现有汉字水平出发，建立不同等级和水平的汉语学习者的学习构架与习得要求。在实际教学过程中，我们不可能只采取一种方法，要根据教学对象与汉字的难易度，综合运用各种处理办法，对汉字进行符合规律与语言事实的讲解与学习者认知培养，且不可违背规律，任意牵强附会地说解汉字，破坏汉字的系统性，更不能因为觉得汉字形构用三要素难讲，而回到汉字形音义的传统汉字教学方法上去。这种忽略汉字表意性特征，以及汉字在语用材料中所体现字际关系的做法是不可取的。因为书面语汉语习得，是以汉字字形为基础的，在字形的基础上负载着词义，而对新汉语等级水平词汇表用字的掌握，是汉语词汇水平能力的考量基础。

参考文献

[1] BECKER J D. The phrasal lexicon[C]. Workshop on theoretical issues in natural language processing, 1975: 24-35.

[2] BOLINGER D. Aspects of language (2nd Edition) [M]. New York: Harcourt Brace Jovanovich. 1975.

[3] EILLS N C. Frequency effects in language processing: a review with implications for theories of implicit language acquisition [J]. Studies in second language acquisition, 2002: 61-65.

[4] GEORGE L & JOHNSON M. Metaphors we live by [M]. Chicago: The University of Chicago Press, 1980: 59-107.

[5] GOLDBERG A. Constructions: a construction grammar approach to argument structure [M]. Chicago: Chicago University Press, 1995.

[6] LEWIS M. Implementing the lexical approach: putting theory into practice [M]. London: Language Teaching Publications, 1993.

[7] MILLER G A. The magical number seven, plus or minus two: some limits on our capacity for processing information [J]. Psychological Review, 1956: 32-34.

[8] MOON R. Fixed expressions and idioms in English: a corpus–based approach [M]. Oxford: Clarendon Press, 1999.

[9] DECARRICO N J. Lexical phrases and language teaching [M]. Oxford: Oxford University Press, 1992.

[10] PAWLEY A, SYDER F. Two puzzles for linguistic theory [J]. Native-like

slection and native-like fluency, 1993: 45-47.

[11] SINCLAIR J. Corpus, concordance and collocation [M]. Oxford: Oxford University Press, 1991.

[12] TALMY L. Lexicalization patterns: semantic structure in lexical forms[M]. In T. Shopen (ed.), Language Typology and Syntactic Description: Vol.3, Grammatical Categories and the Lexicon. Cambridge, MA: Cambridge University Press. 1985:36-149.

[13] WRAY A. Formulaic language and the lexicon[M]. Cambridge: Cambridge University Press, 2002.

[14] JIANG Y C,GUO Y J. Analysis and application of computer-aided mode in teaching Chinese as a foreign language for science and engineering universities[J], Boletní técnico, 2017(12):70-76.

[15] А. С. Бойчук. Лингвостилистический анализ вкусовых метафор русского язык [J]. Изве-стия тульского государства университета. Гуманитарные науки , 2012:372-379.

[16] Арутюнов Н. Д. Метафора//Лингвистический энциклопедический словарь[Z]. М.1990:296.

[17] Бадамдорж.Д, Монгол хэлний үгийн сан утга зүй [М]. УБ:Адмон, 2006.

[18] Бат-Ирээдүй.Ж, Монгол хэлний ойролцоо эсрэг утгат хэлц үгийн сан[М]. УБ:МУИС, 2007.

[19] Бат-Ирээдүй.Ж, Монгол хэлний хэлц үг хэллэгний утга хэргэлээ[М]. УБ:МУИС, 2007.

[20] БатИрээдүй.Ж.Монгол хэлний ойролцоо эсрэг утгат хэлц үгийн сан[М]. УБ:МУИС, 2013:11-15.

[21] Болдбаатар.Д , Хятад Монгол толь бичиг[М]. УБ:Бэмби сан , 2003.

[22] Болдбаатар.Д, Монгол Хятад толь бичиг[М]. УБ:Бэмби сан, 2004.

[23] Го.Аким, Монгол өвөрмөц хэлцийн тайлбар толь [М]. УБ:Ардын эрх, 1999.

[24] Мөөмөө.С, Ерөнхий хэл шинжлэл [M]. УБ 1996.

[25] Р.Самдандорж, Тэнгэрлэг тавилан[M]. ХХК: Соёмбо принтинг, 2003.

[26] 白硕．语言学知识的计算机辅助发现[M]．北京：科学出版社，1995.

[27] 宝力高．汉蒙成语大辞典[M]．辽宁：辽宁民族出版社，2010.

[28] 卞成林．汉语工程词论[M]．济南：山东大学出版社，2000.

[29] 布林特古斯．蒙古语熟语大词典[M]．内蒙古：内蒙古教育出版社，2001.

[30] 蔡基刚．英汉隐喻词构成与比例比较研究[J]．外语教学与研究，2008（2）：100-106，160.

[31] 曹剑芬．语言的韵律与语音的变化[M]．北京：中国社会科学出版社，2016.

[32] 常敬宇．汉语词汇文化（增订本）[M]．北京：北京大学出版社，2009.

[33] 陈默，王建勤．汉语作为第二语言的口语产出韵律边界特征的个案研究[J]．汉语学习，2008（4）：102-108.

[34] 陈默．韩国留学生汉语句子停延习得的实验分析[J]．暨南大学华文学院学报，2007（2）：25-32.

[35] 陈默．汉语作为第二语言自然口语产出的复杂度、准确度和流利度研究[J]．语言教学与研究，2015（3）：1-10.

[36] 陈默．美国留学生汉语口语产出的韵律边界特征研究[J]．世界汉语教学，2013（1）：95-104.

[37] 陈默．母语和韵律单元等级对高级水平汉语学习者韵律边界产出的影响[J]．世界汉语教学，2017（2）：270-288.

[38] 陈默．认同对汉语二语学习者口语复杂度、准确度和流利度的影响[J]．语言教学与研究，2020（1）：23-35.

[39] 陈士龙．中华成语故事全集[M]．北京：北京出版社，2007.

[40] 陈粟．对外汉语教学中味觉词研究[D]．济南：山东师范大学，2013.

[41] 陈玉东．无标注语段的韵律特征分析[J]．语言研究，2007（1）：45-52.

[42] 程静．中华成语大辞典[M]．北京：中国版本图书馆，2008.

[43] 程娟娟．汉英“苦”词群隐喻认知对比研究[D]．苏州：苏州大学，2013.

[44] 池昌海．汉语双音复合单位范畴化途径新议[J]．语言研究，2019（3）：

20-26.
[45] 楚艳芳. 汉语饮食词汇研究[M]. 北京：中国社会科学出版社，2017.
[46] 崔希亮. 汉语国际教育“三教”问题的核心与基础[J]. 世界汉语教学，2010（1）：73-81.
[47] 崔言. 浅议新汉语水平考试大纲的轻声词语[J]. 考试周刊，2014（67）：1-2.
[48] 崔言. 新HSK大纲轻声与教学研究[J]. 现代语文（语言研究版），2014（10）：87-90.
[49] 邓丹. 汉语韵律词研究[M]. 北京：北京大学出版社，2010.
[50] 董秀芳. 词汇化:汉语双音复合词的衍生和发展（修订本）[M]. 北京：商务印书馆，2011.
[51] 董秀芳. 汉语的词库与词法（第二版）[M]. 北京：北京大学出版社，2016.
[52] 段士平. 动态系统理论视域下的二语语块发展研究[J]. 外国语文（四川外语学院学报），2014（2）：87-94.
[53] 方春媚. 汉语国际教育背景下的“当选”词汇化研究及其实践意义[D]. 太原：山西大学，2020.
[54] 房艳霞. 提高语块意识的教学对汉语第二语言学习者口语产出的影响[J]. 世界汉语教学，2018（1）：93-109.
[55] 冯胜利. 汉语的韵律、词法与句法[M]. 北京：北京大学出版社，1997.
[56] 冯胜利. 汉语韵律语法问答[M]. 北京：北京语言大学出版社，2016.
[57] 冯志伟. 词向量及其在自然语言处理中的应用[J]. 外语电化教学，2019（1）：3-11.
[58] 符淮青. 现代汉语词汇学[M]. 北京：北京大学出版社，2019.
[59] 高珊. 母语者和第二语言学习者汉语阅读中语块加工优势的眼动研究[J]. 世界汉语教学，2017（4）：130-145.
[60] 高松. 《新汉语水平考试大纲》词汇等级表的名词考察[J]. 现代语文（语言研究版），2014（10）：91-92.
[61] 葛本仪. 现代汉语词汇学[M]. 北京：商务印书馆，2014.

[62] 耿直．“汉语国际教育”十年来对外汉语教材编写研究综述[J]．河南社会科学，2017，25（4）：112-115．

[63] 谷化琳．隐喻的认知过程与语义特征[J]．四川外语学院学报，2002（5）：76-78．

[64] 桂诗春．新编心理语言学[M]．上海：上海外语教育出版社，2000：57-315．

[65] 国家汉语水平考试委员会办公室考试中心．汉语水平词汇与汉字等级大纲（修订本）[M]．北京：经济科学出版社，2001．

[66] 郝斌，戴卓萌．俄罗斯概况[M]．北京：北京大学出版社，2013．

[67] 郝佳昕，刘玉屏．词汇化视角下双音节名量式复合词教学探究[J]．汉字文化，2022（5）：126-134．

[68] 胡壮麟．认知隐喻学[M]．北京：北京大学出版社，2004．

[69] 黄伯荣，廖序东．现代汉语[M]．北京：高等教育出版社，2017．

[70] 贾光茂，杜英．汉语“语块”的结构与功能研究[J]．暨南大学华文学院学报，2008（10）：64-69．

[71] 贾玉新．跨文化交际学[M]．上海：上海外国语教育出版社，1997．

[72] 江新，赵果，黄慧英，等．外国学生汉语字词学习的影响因素：兼论《汉语水平大纲》字词的选择与分级[J]．语言教学与研究，2006（2）：14-22．

[73] 姜戎．狼图腾[M]．武汉：长江文艺出版社，2004．

[74] 姜永超，王子莹．从计量分析看初级综合《发展汉语》《成功之路》对比研究现状[M]．南京：凤凰出版社，2021．

[75] 姜永超．从汉字要素管窥汉字教学[J]．语文建设，2014（24）：19-20．

[76] 姜永超．从语用频率管窥对外汉语词汇教学：以新HSK四级真题为例[J]．现代语文（语言研究版），2016（1）：117-119．

[77] 姜永超．信息技术驱动的汉语国际教育现状与反思[J]．教学研究，2016（2）：77-81．

[78] 靳洪刚．从语言组块研究谈语言定式教学法[J]．教学研究与分析，2016（1）：22-36．

[79] 靳洪刚．现代语言教学的十大原则[J]．世界汉语教学，2011（1）：78-98．

[80] 孔令跃. 对外汉语教学语块研究述评[J]. 华文教学与研究，2013（1）：53-54.
[81] 李凤杰. 韵律结构层次：理论与应用[M]. 天津：天津大学出版社，2012.
[82] 李慧. 对外汉语教材中语块的呈现方式及其改进建议[J]. 云南师范大学学报（对外汉语教学与研究版），2013（2）：9-14.
[83] 李慧. 汉语“V单+NP”语块研究[D]. 北京：北京语言大学，2011.
[84] 李金鹏. 《中文》(修订版)和《美洲华语》知识文化项目比较研究[D]. 广州：暨南大学，2012.
[85] 李景华，崔艳嫣.英汉词汇化差异对词汇习得影响综合考察[J]. 海外英语，2011（5）：269-270.
[86] 李静子. 中俄隐喻的对比研究及对外汉语教学策略[D]. 吉林：吉林大学，2016.
[87] 李兰霞. 动态系统理论与第二语言发展[J]. 外语教学与研究，2011（3）：409-421.
[88] 李敏. 汉英感觉词引申义的重合与分歧[J]. 华北电力大学学报（社会科学版），2000（3）：75-85.
[89] 李倩. 现代汉语三音节惯用语词汇化程度分析及其对外汉语教学策略[D]. 长春：吉林大学，2018.
[90] 李泉. 汉语教材的“国别化”问题探讨[J]. 世界汉语教学，2015（4）：526-540.
[91] 李泉. 近20年来对外汉语教材编写和研究的基本情况述评[J]. 语言文字应用，2002（3）：100-106.
[92] 李泉，岑玉珍，么书君，等. 发展汉语（第二版）[M]. 北京：北京语言大学出版社，2011-2012.
[93] 李书. 汉族与蒙古族关于“牛”谚语之比较[D]. 内蒙古：赤峰学院，2015.
[94] 李晓琪. 关于建立词汇—语法教学模式的思考[J]. 语言教学与研究，2004（1）：23-29.
[95] 李运富. 汉字学新论[M]. 北京：北京师范大学出版社，2012.
[96] 梁雪双. 《新汉语水平考试大纲》“手”族词研究[D]. 济南：山东大学，

2013.
[97] 刘丹. 俄汉语“嗅觉、味觉”词隐喻对比研究[D]. 长春：吉林大学，2020.
[98] 刘红妮. 词汇化与近义实词的辨析和教学：以“旅行”和“旅游”为例[J]. 云南师范大学学报（对外汉语教学与研究版），2008（2）：50-55.
[99] 刘俐李. 近八十年汉语韵律研究回望[J]. 语文研究，2007（2）：5-12.
[100] 刘叔新. 汉语描写词汇学[M]. 北京：商务印书馆，2010.
[101] 刘珣. 对外汉语教育学引论[M]. 北京：北京语言文化大学出版社，2000.
[102] 刘珣. 新一代对外汉语教材的展望：再谈汉语教材的编写原则[J]. 世界汉语教学，1994（1）：58-67.
[103] 刘运同. 词汇短语范围和分类[J]. 湖北社会科学，2004（9）：90-92.
[104] 陆俭明. 再论构式语块分析法[J]. 语言研究，2011（2）：1-7.
[105] 孟凯，崔言燕. 词汇化导致的语义磨蚀对汉语二语学习者词汇学习的影响：以双音词“可X”为例[J]. 汉语学习，2018（2）：85-95.
[106] 孟祥磊. 《美洲华语》的本土化研究[D]. 广州：暨南大学，2011.
[107] 莫鸿晶. 《新汉语水平考试大纲HSK四级》形声字研究[D]. 扬州：扬州大学，2013.
[108] 亓文香. 语块理论在对外汉语教学中的应用[J]. 语言教学与研究，2008（4）：54-61.
[109] 钱旭菁. 汉语语块研究初探[J]. 北京大学学报（哲学社会科学版），2008（5）：139-146.
[110] 阮武琼芳. 汉、越饮食词语联想意义认知对比研究[D]. 武汉：华中师范大学，2013.
[111] 邵敬敏. 现代汉语通论[M]. 上海：上海教育出版社，2019.
[112] 沈汉屏. 本土化语境下中美汉语教材课文主题对比分析[D]. 南京：南京大学，2017.
[113] 束定芳. 隐喻学研究[M]. 上海：上海外语教育出版社，2000.
[114] 苏丹洁. 构式是一条语块链[J]. 语言科学，2012（3）：241-253.
[115] 苏丹洁. 构式语块教学法的实质：以兼语句教学及实验为例[J]. 语言教

学与研究，2011（2）：16-22.
[116] 唐兰. 中国文字学[M]. 上海：上海世纪出版社，2005.
[117] 汪萍. 浅谈网络用词“补刀”的涵义及组合形式[J]. 钦州学院学报，2017（8）：45-48.
[118] 汪冰冰，鹏宇. 说“蛋”[J]. 现代语文（语言研究版），2008（10）：148-149.
[119] 王茜. “辣妈”流行的多角度分析[J]. 兰州学刊，2012（12）：214-216.
[120] 王寅. Lakoff & Johnson笔下的认知语言学[J]. 上海外国语大学学报，2001（4）：15- 21.
[121] 王凤兰. 基于语料库的汉语语块分类研究[J]. 语言与翻译，2017（3）：17-19.
[122] 王慧. 二语习得中的汉语语块研究[D]. 广州：暨南大学，2007.
[123] 王立非. 国外二语预制语块习得研究的方法进展与启示[J]. 外语与外语教学，2011（5）：17-20.
[124] 王立非. 语言语块研究的理论与实证进展[M]. 上海：上海外语教育出版社，2012.
[125] 王美华. 谈对外汉语教学中的词汇化虚词[J]. 黑龙江生态工程职业学院学报，2012（2）：151-153.
[126] 王明. 现代汉语基本味觉词语义研究[D]. 南京：南京师范大学，2009.
[127] 王明春. “蛋糕”的新义[J]. 语文月刊，2002（10）：20-21.
[128] 王倩倩. 现代汉语“X说”的共时词汇化状态考察[D]. 上海：上海师范大学，2014.
[129] 王文龙. 国际汉语初级阶段语块构建研究[J]. 海外华文教育动态，2017（7）：27-65.
[130] 王艺宸. 汉语味觉词的隐喻义及其对外汉语教学研究[D]. 苏州：苏州大学，2020.
[131] 王毓钧. 二语习得中的朗读教学探索：以美国留学生朗读《北风跟太阳》为例[J]. 语文建设，2013（2）：14-15.

[132] 王治理．传统文化与对外汉语教学[M]．厦门：厦门大学出版社，2008.
[133] 魏伊彤．词汇化视角下动补结构的对比研究[D]．济南：山东大学，2021.
[134] 吴海玲.《美洲华语》语法项目编写研究[J].语文学刊，2016(7)：153-154，172.
[135] 吴静．汉俄味觉词引申义对比研究初探[C]//王清，赵爱国．俄语语言与文化研究．哈尔滨：黑龙江人民出版社，2007：244-250.
[136] 吴尧瑜．现代汉语基本味觉词语义语法考察[D]．苏州：苏州大学，2013.
[137] 吴勇毅．汉语作为第二语言语法教学的“语法词汇化”问题[J]．暨南大学华文学院学报，2002（4）：14-18.
[138] 武杨．浅论对外汉语教学中的成语语法教学：以《新汉语水平考试大纲》中的成语为例[J]．亚太教育，2016（25）：97.
[139] 武杨．浅论对外汉语教学中的成语语义教学：以《新汉语水平考试大纲》中的成语为例[J]．亚太教育，2016（23）：291-292.
[140] 谢丽霞，王晓新．网络热词“菜”字的历时语义研究[J]．新余学院学报，2019（3）：87-90.
[141] 新华成语大辞典[M]．北京：商务印书馆，2013.
[142] 熊子瑜．韵律单元边界特征的声学语音学研究[J]．语言文字应用，2003（2）：116-121.
[143] 徐子亮．对外汉语教学的模式匹配[J]．汉语学习，2000（2）：54-59.
[144] 许晋，程语诗.汉蒙涉“马”谚语之文化探析[J].内蒙古学报，2010(6)：139-142.
[145] 薛小芳，施春宏．语块的性质及汉语语块系统的层级关系[J]．当代修辞学，2013（3）：32-41.
[146] 杨昌领．“菜鸟”也要展翅高飞[J]．语文知识，2004（2）：20.
[147] 杨惠元．强化词语教学，淡化句法教学：也谈对外汉语教学中的语法教学[J]．语言教学与研究，2010（10）：37-43.
[148] 杨蕾．对外汉语“味觉词”教学[J]．北方文学：下，2012（8）：167-168.
[149] 杨岩勇．谈“味”觉词的转义与转域[J]．云南师范大学学报（对外汉语

教学与研究版），2007（2）：13-19.

[150] 姚达婷. 根隐喻理论在跨文化语言教学中的应用[J]. 湖北广播电视大学学报，2012（5）：126.